DÖRT İMAMIN İTİKATLARI AYNIDIR

Naser Al-Gefari

HUTBE-İ HÂCE

Hamd, ancak Allah içindir. O'na hamdeder, O'ndan yardım ve mağfiret dileriz. Nefislerimizin şerrinden, kötü amellerimizden O'na sığınırız. Allah kimi hidayete erdirirse onu saptıracak yoktur, kimi de saptırırsa onu hidayete erdirecek yoktur.

Allah'tan başka ilâh olmadığına şehâdet ederim. O, tektir ve ortağı yoktur. Ve şehâdet ederim ki, Muhammed O'nun kulu ve Resûlüdür.

"Ey iman edenler! Allah'tan, O'na yaraşır şekilde korkun ve ancak Müslümanlar olarak can verin" (Âl-i İmrân, 3/102)

"Ey insanlar! Sizi bir tek nefisten yaratan ve ondan da eşini yaratan ve ikisinden birçok erkekler ve kadınlar üretip yayan Rabbinizden sakının. Adını kullanarak birbirinizden dilekte bulunduğunuz Allah'tan ve akrabalık haklarına riâyetsizlikten de sakının. Şüphesiz Allah sizin üzerinize gözetleyicidir" (Nisâ, 4/1)

"Ey iman edenler! Allah'tan korkun ve doğru söz söyleyin. Ki, Allah işlerinizi düzeltsin ve günahlarınızı bağışlasın.Kim Allah ve Rasûlüne itaat ederse büyük bir kurtuluşa ermiş olur"(Ahzâb, 33/70-71)

Şüphesiz, sözlerin en doğrusu Allah'ın kelâm'ı, yolların en güzeli Muhammed'in *sallallahu aleyhi ve sellem* yolu ve işlerin en kötüsü sonradan çıkarılanlarıdır. Sonradan uydurulup dine sokulan her yenilik bid'at ve her bid'at sapıklıktır.ve her sapıklık da ateştedir.[1]

---

[1]   Hutbe-i Hace ismiyle meşhur olan bu duayı, cuma hutbelerinde vesair konuşmalarında okuyan Rasulullah sallallahu aleyhi ve sellem bizzat sahabelerine de öğretmiştir. Hadisi, Tirmizi, Ebu Davud, Nesai, Ebu Yala, Beyhaki, İmam Ahmed sahih bir senedle rivayet etmiş ve bir kısmı da Sahih-i Müslim'de yer almıştır.

ÖNSÖZ

Allah'a hamd olsun, Ona şükreder, Ondan yardım ister, Onun bağışlamasını dileriz. Nefislerimizin şerrinden ve kötü amellerimizden Ona sığınırız. Allah (c.c.) kimi hidayete erdirirse onu saptıracak, kimi de saptırırsa Ona hidayet edecek yoktur. Şahadet ederim ki Allah'tan (c.c.) başka ibadete layık ilah yoktur. Yine Şahadet ederim ki Muhammed (sav) Allah'ın kulu ve resulüdür.

Bundan sonra:

Dört imamın itikatlarının aynı olduğunu açıklayan bu risaleyi aslında 5 Cemadilula 1414 yılında Kualalumpur' da düzenlenmesi planlanan "İkinci İslam Düşüncesi Sempozyumu" için hazırlamıştım. Fakat daha sonra bilmediğim nedenlerden dolayı bu sempozyum iptal edilince, genel faidesinden dolayı bazı eklemeler de yaparak yayınlamaya karar verdim. Cenab-ı Hak'dan, bu risaleyi benim için, kendi rızası için yazılmış, ahiret azığı kılmasını ve ümmetin faydasına sunmasını diliyorum.

Önce ve sonra hamd Allah'a dır.

Nasır el- Kıffari

10/ 7 / 1414. M.

GİRİŞ

Ümmetin üzerinde icma ettiği asıl ve kaynaşmasını sağlayan esas; akide birliğidir. Coğrafi ve siyasi sınırlar ayrı olsa da, dilleri ve yurtları farklı olsa da, onlar paylaştıkları ortak akide ile tek bir ümmettirler. Fakat dilleri, yurtları, tarihleri ve sınırları aynı olup akideleri farklı olursa, sürekli ihtilaf ve düşmanlık içine düşerler. Bu söylediğimizin en doğru kanıtı ve tanığı geçmişte ve günümüzde yaşanan olaylardır.

Allah *(cc)*'ın nimetlerindendir ki, ümmet yaşamında akide birliğini sağlayan unsurlar gayet sağlam ve canlı olarak devam etmektedir. Ümmet, Rabbinin kitabı ve peygamberinin sünneti ile top yekün bir sapıklıktan korunmuştur. Bu ümmet içinde kıyamet gününe kadar hak üzere sabit bulunan bir taife var olmaya devam edecektir ki, bu da, Allah'ın zafer ve kurtuluş verdiği hak taifedir.

İslam'ın temel usulünden biri de cemaate yapışmak, ayrılık ve ihtilaflardan sakınmaktır.

Rabbimiz bir, Peygamberimiz bir, kitabımız bir ve dinimiz birdir. Din usulü konusunda selef ve ümmetin imamları arasında herhangi bir ihtilaf yoktur. Cenab-ı Hak kullarını hak üzere toplanmaya çağırmaktadır: *'Hep birlikte Allah'ın ipine sımsıkı yapışın; parçalanmayın'* Ümmet sadece hak ve hidayet üzere birleşebilir.

Ortaya çıkan tüm ihtilafları, Allah'ın kitabı ve peygamber *(sallallahu aleyhi ve sellem)* in sünneti ile gidermek mümkündür. Çünkü Cenab-ı Hak şöyle buyuruyor: *'Eğer bir hususta anlaşmazlığa düşerseniz –Allah'a ve ahirete gerçekten inanıyorsanız —- Onu Allah'a ve resulüne götürün.'*

Ayrılık ve parçalanmışlık; Resulullah *(sallallahu aleyhi ve sellem)* in çizgisinden sapanların yoludur. Çünkü Cenab-ı Hak şöyle buyuruyor: *"Dinlerini parça parça edip, guruplara ayıranlar var ya, senin onlarla hiç bir ilişkin yoktur."* Ümmetin selefi ve imamları arasında, itikat konusunda müessir herhangi bir ihtilaf yaşanmamıştır. Bu ihtilaflar daha sonra gelen müteahhirin arasında baş gostermiştir.

Ehli sünnetten bazılarının, bazı itikadi veya ameli konularda hataları olabilir. Fakat Allah'a hamd olsun ki Peygamber *(sallallahu aleyhi ve sellem)* in de haber verdiği gibi hata üzere toplanmış değillerdir.

Cahil veya kötü niyetli birtakım kimseler bazı imamlara birtakım batıl sözler isnat etmişlerdir.

Bu hususta alimlerden biri şöyle dedi: "Bil ki, eser sahiplerinden birçokları imamlara onların söylemedikleri nice sözler nispet ettiler. Özellikle İmam Şafii, Malik, Ahmed ve Ebu Hanife' ye birtakım bazı yanlış itikatları tasvip anlamına gelebilecek bazı kimi ifadeler nisbet edilmiştir. İmamlara birtakım bazı batıl sözler nisbet eden bu kimselere, bu sözlerin hangi sahih kanallar vasıtasıyla rivayet edildiği sorulunca, aynen Peygamber *(sallallahu aleyhi ve sellem)*'e, sünnetinde olmayan bidat ve batıl sözler izafe edenler gibi, onlarında hemen oracıkta yalanları anlaşılmış olur.[2]

Masumî şöyle dedi: "Sonradan gelen bazıları kendiliklerinden uydurdukları birtakım meseleleri imamlara nisbet etmişlerdir.[3]

Şeyhulislam İbn Teymiyye kendilerini ehli sünnet ve dört mezhebe nisbet eden birçok bidatçının, sünnet ve dört mezhebe aykırı olarak kendiliklerinden uydurdukları birçok batıl görüşleri açıklığa kavuşturarak reddetmiştir.[4]

Bu çalışmamda sayın okuyucuların dikkatlerini bu alanda gizlice yürütülen zararlı faaliyetler ve hilelere çekmeye çalıştım. Allah'a hamdolsun ki aleyhteki bu oyunlar, Allah'ın inayetiyle ümmetin tamamı üzerinde etkili olmamıştır. Allah *(cc)*, her dönemde dine yöneltilen batıl ve zararlı faaliyetlerle mücadele eden sadık müminler var etmiştir. Dolayısıyla ilim ehli şöyle demiştir: Bizden önceki ümmetler döneminde, din bozulunca, Cenabı Hakk hakkı beyan etmek üzere yeni peygamberler göndermiştir. Bu ümmetin ise peygamberinden sonra başka bir peygambe olmayacak; fakat Allah *(cc)* Peygamber *(sallallahu aleyhi ve sellem)*'in dini koruma ve beyan etme işini yürütecek salih alimler varedecektir. Bu nedenle Cenabı Hakk müminlerin yolunu, Peygamber *(sallallahu aleyhi ve sellem)*'e itaatle beraber zikretmiştir.

"Kendisi için doğru yol belli olduktan sonra, kim Peygamber'e karşı çıkar ve müminlerin yolundan başka bir yola giderse, onu o yönde bırakırız ve cehenneme sokarız; o ne kötü bir yerdir." (Nisa 4/115)

---

[2] Eddьrerь's-Seniyye 2/206
[3] Heli'l Mьslim.....sh.9
[4] El-Fetava 30/384

USULU'D DİN KAVRAMI[5]

Usulu'd din terimi, tefrika ve bidatlerin yaygınlaşmasından sonra mücmel bir kelime olarak hak ve batıl anlamlarda kullanılmıştır.

Usulu'd Din'in Şeri Hakikatı

Usulu'd din teriminin hakikatı Resulullah *(sallallahu aleyhi ve sellem)*'in Cibril hadisinde ifade ettiği imanın aslı, altı esastır ki bunlar: *"Allah'a, meleklerine, kitaplarına, elçilerine, ahiret gününe, kaderin hayrına ve şerrine iman etmektir."*[6]
İşte dinin aslı ve imanın ruknu, Kur'an'ın da ifade ettiği bu altı esastır:
"Gönderilen peygamberler, rabbi taarafından kendisine indirilene iman etti, müminler de iman ettiler. Onlardan her biri Allah'a, O'nun meleklerine, kitaplarına, peygamberlerine iman ettiler." (Bakara: 2/285)
"Gerçek iyilik, yüzlerinizi doğu ve batı tarafına çevirmeniz değildir. Asıl iyilik, o kimsenin iyiliğidir ki, Allah'a, ahiret gününe, meleklere, kitaplara, peygamberlere inanır." (Bakara: 2/177)
"Biz her şeyi bir ölçüye göre yarattık." (Kamer: 54/49)

Usulu'd Din'in Batıl Yorumu

Bazen bu terimden batıl anlamlar murad edilmektedir. Özellikle bazı Kelamcılar kendi uydurdukları asılsız itikadlara "Usulu'd din" adını vermişlerdir. Bazı tahkık ehli bu konuda şöyle demişlerdir: Usulu'd din büyük bir isimdir. Fakat bazıları bu büyük ismi, içinde dini fesat eden bir unsurun bulunduğu kendi görüşleri için kullanmaktadırlar. Hak ehli, onların bu tutumlarına karşı çıkınca da bunlar usulu'd dine karşı çıkıyorlar, diye yaygara koparıyorlar. Oysa onlar gerçekte usulu'd din'e değil, bunların uydurduklarına karşı çıkmaktadırlar ki. Bunlar onların babalarının uydurdukları isimlerden ibarettir.
Din, Allah ve Resulünün teşri kıldığıdır. Allah Resulü *(sallallahu aleyhi ve sellem)* dinin usul ve teferruatını beyan etmiştir. Resulüllah *(sallallahu aleyhi ve sellem)* dinin teferruatını beyan edip te aslını beyan etmemesi düşünülemez."[7]

Usulu'd Dinin Şeri Hakikati Konusunda Cehaletin Etkisi

Usulu'd dinin şeri hakikati konusundaki cehalet, imamlar arasında aslen olmayan ihtilaf ve tartışmalar bulunduğu vehmine yol açmıştı,. İmamların kelam ilmine dalan bazı bağlıları, usulu'd din adı altında ortaya bazı meseleler atmakta, hatta bazen bu görüşlerin vehim ve cehaletlerinden dolayı bağlı oldukları imamlara nisbet etmişlerdir. Onların nakletikleri bu ihtilaf ve tartışmaları okuyanlar, bunların imamların görüşleri olduğu izlenimine kapılmaktadırlar, Hatta imamların bazı bağlıları kimi imamlara açıkca muhalefet ettikleri halde, bu görüşlerini de imamlara mal etmekten kaçınmamışlardır.
Şeyhu'l İslam İbn Teymiyye şöyle dedi: "İmam Ebu Hanife, Malik, Şafi ve Ahmed'in öyle bağlıları var ki, bunlar birtakım görüşler öne sürmekte ve bu görüşlere muhalefet edenleri tekfir etmektedirler. Oysa gerçekte öncelikle bağlı bulundukları imamlar bu görüşlere muhaliftirler.
Bu kimseler bazen de öyle sözler reddetmekte ve bu sözleri söyleyenleri tekfir etmektedirler ki, bu sözler, Peygamber *(sallallahu aleyhi ve sellem)*'e aittir. Bu tartışma ve inkar, özellikle esma ve sıfat (isimler ve sıfatlar) konusunda yaşanmıştır. Çünkü Cehmiyyenin bu konudaki batıl görüşleri bir çok insanı derinden etkilemiş ve bunlar bu görüşler uğruna Peygamber *(sallallahu aleyhi ve sellem)*'in sözlerini inkardan çekinmemişlerdir."[8]
Çünkü onlar usulu'ddini asli kaynağı dışında arayarak usulu'ddinden usulu'ddin olmayana kaydılar. Usulu'ddinden olan bir hususu inkar bir ve hak olan itikattan uzaklaştılar. Eğer Peygamber *(sallallahu aleyhi ve sellem)*'in getirdiği esaslara sarılsalar mankul ve makula uymuş ve asıl üzerine sabit kalmış olurlardı. Fakat usulü kaybettiler ve usulden mahrum oldular.

---

[5] Usul: Aslın çoğuludur. Asıl ise üzerine bina kılınan temel demektir. Şube , kol, dal, budak anlamlarında da kullanılır. Dinde amellerin kabul ve sıhhatinin üzerine bina edildiği temel, asıl itikattır. Bu kelime fıkıh ilminde çeşitli anlamlarda kullanılır.
a- Delil anlamında: "Bu meselenin aslı kitap ve sünnettir" cümlesinde olduğu gibi.
b- Tercihe şayan anlamında: "Kelimede asıl olan mecaz değil, hakikattır" cümlesinde olduğu gibi.
c- İstimrar eden kaide anlamında: "Aslın hilafına ölü eti yenilmesi" cümlesinde olduğu gibi.
d- Kendisiyle kıyas yapılan şey için kullanılır: Bu nedenle kıyas "fer'i asla ilhak etmek" olarak tarif edilmiştir. (Bkz. Şerhu'l Kevkebi'l Münir)
[6] Buhari ve Müslim Ebu Hureyre'den rivayet etmişlerdir.
[7] Şeyhu'l İslam İbn Teymiyye, Fetava 6/56-57
[8] Der'ü't Tearudi'l Akl ve'n Nakl 2/308

"Usul, Peygamber (*sallallahu aleyhi ve sellem*)'in getirdiklerine uymaktır." [9]

Usulu'd Din'in Diğer İsimleri

Usulu'd din'in bir diğer ismi de "sünnet" dir. İmamların itikat konusunda yazdıkları bazı eserler bu ismi taşımaktadır. Bu şekilde isimlendirmelerinin nedeni, meselenin büyük öneminden dolayıdır. İbn Receb[10] (*radiyallahü anh*)'ın dediği gibi, bu hususta muhalif kalanlar helakın sınırındadırlar.

Usulu'd din 'in bir diğer ismi de Furu fıkhına nisbetle " Fıkhı ekber dir. Bu konuda imam Ebu Hanife ve imam Şafiye nisbet edilen kitaplar vardır.[11] Ayrıca " akide", " tevhid", "usül", iman" ve daha başka isimlerde kullanılmaktadır.[12]

Usulu'd din ilminin isimlerini bilmenin bir diğer faidesi de boylece bu sayede bu ilmin asli kaynaklarını tanımak mümkün olacaktır. Çünkü bu ilmin bir çok kaynağı bugün yaygın olmayan diğer isimlerle mevcuttur.

Mesela imamların bu konuda yazdıkları bir çok eser "Sünnet" adını taşımaktadır. İbn Ebi Asım'ın sünneti, Hallal'ın sünneti, imam Ahmed'in sünneti, İmam Abdullah'ın ve başkalarının sünnetleri bu kabildendir.[13]

Usulu'd din ilminin hakikatini bilmenin en tabi ve ilmi yolu onu bu asli kaynaklarından okumaktır.

DÖRT İMAMIN TANITIMI

"Dört İmam" Teriminin Anlamı

Bugün dört İmam denilince İmam Ebu Hanife, imam Malik, İmam Şafii ve İmam Ahmed anlaşılmaktadır.

Tabi-i Tabiin döneminde ise, bu deyimle, İbn Teymiyye'nin, kendi dönemlerinin "dünya imamları" dediği şu dört imam anlaşılmakta idi.

1- Malik b. Enes[14] (Hicaz bölgesinden)
2- Evzai[15] (Şam'da)
3- Leys b. Sa'd[16] (Mısır)
4- Sevri[17] (Irak)

Ebu Ubeyd el- Kasım b. Selam döneminde de dört imam'dan şunlar kastedilirdi.

1- Şafii[18]
2- Ahmed[19]
3- İshak[20]
4- Ebu Ubeyd[21]

---

[9] Mecmuu Fetava Şeyhu'l İslam 13/157

[10] Keşfu'l Kurbe sh.12

[11] Bazı araştırmacılar "Fıkhu'l Ekber" adıyla bilinen ve Ebu Hanife'ye nisbet edilen kitabın gerçekten Ona ait olup olmadığı hususundan şüphe etmektedirler. Bu konuda İmam Şafii'ye nisbet edilen kitap ise kesinlikle ona ait değildir. Kelamcılara ve yöntemlerine şiddetle karşı çıkan İmam'ın onların gittikleri yoldan gitmesi mümkün değildir.

[12] Bkz. Mebahi's fi'l İtikad (Dr. Nasr el-Akl)

[13] Bkz. Mebahi's fi'l İtikad (Dr. Nasr el-Akl)

[14] Hayat tercümesi ileride gelecek.

[15] Abdurrahman b. Amr b. Muhammed Ebu Ömer el- Evzai. İslam imamlarının büyüklerinde biridir. İmamlar ondan övgü ile bahsetmişlerdir. Malik onun insanların kendisine uyduğu büyük bir imam olduğunu söylemiştir. Müslümanlar onun adalet ve imameti konusunda müttefiktirler. 157 yılında Beyrutta sınır beklerken ölmüştür.
Bkz: el-Bidaye ven-Nihaye: 10/115. İbn Nedim el- Fihrist: 1/227. Tehzibu'l Esma ve'l-Lugat: 1/298. Enes Mansur: İmam el-Evzai.

[16] Zehebi şöyle dedi: "Leys b. Sa'd, Mısır diyarının şeyhi imam ve hafız. Mısır valisi O'nun sözlerini dinlerdi 175 yılında vefat etti".
Bkz. Tezkiretu'l Huffaz: 1/227. Vefiyatu'l-Ayan: 1/348. Tehzibu't-Tehzib: 8/459. Tarihu'l-Bağdat: 13/3. Hılyetu'l-Evliya: 7/318.

[17] Süfyan b. Said b. Mesruk es-Sevri (Ebu Abdullah) Kendisine uyulan İslam imamlarından birisidir. Bazı imamlar onun için: O hadis ilminde müminlerin emiridir dediler. İmam Ahmed İmam Süyan es-Sevri'dir, dedi. İbn Mubarek de: kendilerinden hadis yazdığım 1100 şeyhin en efdali odur, dedi. H.161 yılında Basrada vefat etti.
Bkz: el- Bidaye ve'n-Nihaye: 10/134. el- Hılye: 6/1. Tehzibu't Tehzib: 111.

[18] Tercüme-i hayatları ileride gelecek.

[19] Tercüme-i hayatları ileride gelecek.

[20] İmam ve büyük hafız. Meşrık ehlinin şeyhi. İbn Rahaveyh olarak tanılır. (İshak b. İbrahim b. Muhalled b. İbrahim el- Merzevi Ebu Yakub) Ahmed şöyle dedi : Irak'da İshak'a denk bir alim bilmiyorum. Buhari de şöyle dedi. 77 yaşında Şaban ayının ortasında 238 yılında vefat etti.
Bkz. Tezkiretu'l-Huffaz: 2/433. el-Kamil (İbn Esir) 7/23. Tehzibu't-Tehzib: 1/216. El-Hılye: 9/234.

[21] İmam Müctehid Kasım b. Selam el- Bağdadi çeşitli eserlerin yazarı. Zehebi şöyle dedi: "Ebu Udeyd'in kitaplarını okuyanlar onun hıfız ve ilimdeki yerini anlamış olurlar. O, hadis hafızı, fıkıh alimi, dil ve kraat imamı idi. H. 224 yılında Mekke'de vefat etti.

Sonra dört imam terimi şu isimler üzerinde istikrar bulmuştur: Ebu Hanife, Malik, Şafii ve Ahmed.[22]

Dört İmamı Tanıyalım

Bu dört imam, şöhretlerinden dolayı ayrıntılı olarak tanıtılmaya ihtiyaçları yoktur. Biz bu konuya kısaca değinecek ve bu konuda daha geniş bilgi almak isteyenler için her bir imamın hayatı hakkında yazılmış önemli kaynakların isimlerini vereceğiz.

Ebu Hanife (H. 80-150)

İmam, fakih, Irak alimi, İslam'ın imamlarından ve büyük alimlerinden biri. Ebu Hanife Numan b. Sabit b. Zoti el-Küfî. H. 80 yılında küçük sahabeler döneminde doğdu ve Küfe'ye gelen Enes b. Malik'i gördü. Hadis talebine önem verdi ve bunun için yolculuğa çıktı. Fıkıh ve meseleleri konusunda büyük bir otorite ve söz sahibi idi. Bu hususta diğer insanlar O'nun talebeleri gibidirler. Birçok insan O'ndan rivayet almıştır. Hayatı hakkında yazılan bazı kitaplar şunlardır:
Menakibi İmamu'l Azam Ebi Hanife (Muvaffik el-Mekkî)
Menakibu İmamu'l Azam (İbn Bezzar)
Fadailu Ebi Hanife (Abdullah es-Sadi)
Fi Menakibu Ebi Hanife en-Numan (Abdulalim el-Kurbetî)
Ebu Hanife (Ebu Zehra)
Elmatalibu'l Münife. (Mustafa Nureddin)
Ebu Hanife Batalu'l Hurriyeti ve't Tesamuh (Abdulhalim el-Cundî)
Hayatul İmam Ebi Hanife (Seyyid Afifî)
Bu konuda yazılmış daha başka birçok eser vardır.[23]

Malik B. Enes: (H.93-179)

İmam, hafız ve ümmetin fakihi, Şeyhu'l İslam, hicret yurdunun imamı. Ebu Abdillah Malik b. Enes b. Malik el-Medenî. Zehebî şöyle dedi: Malik kadar menkıbeleri çok olan başka birisini bilmiyorum. Bu menkıbelerden bazıları şunlardır:
1) Uzun bir ömür
2) Müthiş bir zeka ve geniş bir ilim.
3) İmamların onun hüccet ve rivayetinin sahih olduğu hususundaki ittifakları
4) Dindarlığı, adaleti ve sünnete ittibası konusunda ki icmaa
5) Fıkıh, fetva ve sahih kaideler hususundaki öncülüğü.[24]
Hayatı hakkında yazılan bazı eserler şunlardır:
Fadailu Malik (Ebu'l Hasan Fihr el-Mısrî)
Malik b. Enes: Hayatihi ve Asrihi...(Muhammed b. Ebi Zehra)
Ve Emin el-Hulî ve Mustafa eş-Şeka'nın kitapları. Ayrıca Fas'ta İmam Malik konulu bir seminer düzenlenmiş ve burada yapılan çalışmalar üç ciltlik bir eserde derlenmiştir. Kadı Iyaz da Tertib'ul Medarik isimli eserinde İmam Malik'e geniş yer ayırmıştır.[25]

İmam Şafii

Asrı'nın alimi ve ümmetin fakihi[26], Peygamber *(sallallahu aleyhi ve sellem)*'in nesebinden ve sünnetinin savunucularından[27] İkinci yüzyılı müceddidlerinden[28] İlmin imamı ve ümmetin ilim okyanusu. Ebu Abdillah

---

Bkz. Tezkiretu'l Huffaz: 2/417. Tehzibu't Tehzib 7/315. Vefiyatu'l Ayan 1/417.

[22] Dört İmam teriminin çeşitli dönelerde muhtelif imamlar için kullanıldığına dair bilgi için İbn Teymiyye'nin Fetava'sına (5/39) ve Siyretu'l E'lamu'n Nubela'ya (8/76) bakabilirsiniz.

[23] Şu kaynaklara bakılabilir: Tabakatu'l Halife: 167. Tarihi Bağdat: 13/323. Elkamil fi't Tarih: 5/585. Vefiyatu'l Ayan: 5/415. Tezkiretu'l Huffaz: 1/168. Tabakatu'l Fukaha: 67. Elbidaye ve'n Nihaye: 1/107. Şuzuratu'z Zeheb: 1/228.

[24] Tezkiretu'l Huffaz: 1/212

[25] Bu konuda başvurulabilecek kaynaklardan bazıları: Cimau'l İlm (Şafii) 242. Tarihu'l Hulefe: 1/432. Tehzibu'l Esma ve's Sıfat: 2/75-79. Tertibu'l Medarik: 1/1102. el-Hılye: 6/316. Tabakatu'l Fukaha sh. 42. el-E'lam: 2/128...

[26] Zehebi: Siyeru E'lamu'n Nubela: 10/5-6

[27] Zehebo: Tezkiretu'l Huffaz: 1/361

[28] Bkz. Siyeru E'lamu'n Nubela: 10/46.

Muhammed b. İdris b. Abbas b. Osman b. Şafii b. Saib b. Ubeyd b. İyd Yezid b. Haşim b. Muttalib el-Kurşî. Çeşitli ilmi eserler yazdı, ilmi tedvin etti, sünneti neşretti, usulü fıkıh ve füru' konularında eserler yazdı. Kendi dönemindeki ilim ehline önderlik yaptı. Birçok faziletleri vardır. Hayatı ve menkıbeleri hakkında birçok eser yazılmıştır.

Sübki şöyle dedi: Bana ulaştığına göre İmam Şafii'nin menkıbeleri hakkında ilk kez eser yazan Zahiriye'nin imamı İmam Davud b. Ali el-İsfahanî'dir. Bu konuda daha sonra onu şu alimler takip etmişlerdir: Zekeriyya b. Yahya es-Sacî ve Abdurrahman b. Ebi Hatim sonra Ebu'l Hasan Muhammed b. Hüseyn b. İbrahim el-Abarî, Hakim Ebu Abdillah, Ebu Ali Hasan b. Huseyn b. Hamkaf el-Esbahanî, Ebu Abdillah b. Ebi Şakir el-Kattan, İmamu'z Zahid İsmail b. Muhammed es-Serahsî, sonra biri İmam'ın menkıbeleri, diğeri de İmam'ın bazı yönlerini eleştiren Hanefi alimi Cürcanî'ye cevap niteliğinde iki kitap yazan Ebu Mansur Abdulkahir b. Tahir el-Bağdadî, sonra büyük hafız Ebu Bekr el- Beyhakî ve yine büyük hafız Ebu Bekr el-Hatıb sonra İmam Fahruddin er-Razî, Hafız Ebu Ubeyd Muhammed b. Muhammed b. Ebi Zeyd el-Esbahanî ve Hafız Ebu'l Hasan b. Ebi'l Kasım el- Beyhaki.[29]

Çağdaş yazarlardan da bu konuda eser yazanlar vardır. Bunlara örnek olarak Muhammed b. Ebi Zehra'nın "Şafii: Hayatuhi ve asruhi" ile Münir Edhem'in "Rıhletu'l İmam eş- Şafii" isimli eserlerini verebiliriz. Bu konuda başka bilgi kaynakları da mevcuttur.[30]

İmam Ahmed (H.164-241)

Şeyhu'l İslam, Hafızu'l Hüccet ve kendi döneminde Müslümanların önderi. İlim, amel, sabır ve sebat timsali. Sünnet'in destekçisi ve bu uğurda karşılaştığı zorluklara göğüs geren; İmam Ebu Abdillah Ahmed b. Muhammed b. Hanbel b. Hilal b. Esed eş-Şeybanî.

Ali b. el-Medinî O'nun için şöyle dedi: "Allah bu dini riddet döneminde Ebu Bekr es-Sıddık ile mihnet döneminde ise Ahmed b. Hanbel ile teyid etmiştir."

İmam Şafii'de şöyle dedi: "Fıkıh, vera, zühd ve ilim bakımından Ahmed'den daha üsün başka birisini görmedim". Hayatı ve eserleri hakkında müstakil eserler yazılmıştır. Bunlara örnek olarak Beyhakî, İbn Cevzî ve Şeyhu'l İslam el-Ensarî'nin kitaplarını gösterebiliriz. Çağımızda bu konuda yazılan başlıca eserler ise şunlardır:

Ebu Zehra "İbn Hanbel Hayatuhi ve Asruhi"

Ahmed Abdulcavvad ed-Dumî "Ahmed b. Hanbel Beyne Mihneti'd-Din ve'd-Dünya"

Muhammed Recebel-Betumî "İbn Hanbel"

Muhammed el-Baha el-Hulî "el-İmamu'l Mümtehin"

Ayrıca bu konuda yazılmış başka kaynaklar[31], makaleler[32] ve müşteşriklerin[33] eserleri mevcuttur.

İmamların İtikat Birliği

Dinî zaruretlerden biri de itikadın sadece Allah ve Resulünden alınacağını bilmektir. Bu nedenle ehl-i sünnetin yolu, sahih nastan dönmemek, makul ve fülanın sözü için nassa muhalefet etmemektir. Buharî (*radiyallahü anh*) şöyle dedi: "Hamidî'nin şöyle dediğini duydum: Şafii (radiyallahü anh)'nin yanındaydık, adamın biri gelip bir mesele hakkında soru sordu. İmam, Rasulullah (sallallahu aleyhi ve sellem) bu meselede şöyle şöyle hüküm verdi dedi. Adam, Şafii'ye "Sen ne diyorsun? deyince, Şafii kızarak "Subhanallah! Beni kilisede mi görüyorsun?! Beni havrada mı görüyorsun?! Beni zünnar takanların arasında mı görüyorsun?! Ben sana Resulullah (sallallahu aleyhi ve sellem) hüküm verdi diyorum, sen ise "sen ne diyorsun?" diye soruyorsun?!" dedi.[34]

---

[29] Tabakatu'ş Şafiyye: 1/185

[30] Bkz. Tarihu'l-Bağdad: 2/56-73, el-Fihrist: 1/209-210, Vefiyatu'l-Ayan: 1/565-568, Tehzibu'l-Esma ve'l-Luğat: 1/44-67, Mucenu'l Edibb: 17/281-327, el-İntika: 65-121, el-Hılye: 9/63-161, en-Nucumu'z Zahire: 2/176-177, el-Lbab: 2/5, Tehzibu't Tehzib: 9/25-35, el-Kamil fi't Tarih: 6/122, el-Bidaye: 10/251-254, Tezkiret'l Huffaz: 1/329-330

[31] -Şu kaynaklara bakılabilr:
Tarihu'l Bağdad: 4/412, Vefiyatu'l Ayan: 1/63, Tabakatu'l Hanabile: 3/11, el-Hılye: 9/161, Tezkiratu'l Huffaz: 2/17, Tehzibu'l Esma ve'l Lüğat: 1/110, Tehzibu't-Tehzib: 1/72. El-Bidaye: 10/320, Şuzurat'z-Zeheb: 2/96, Miratu'l-Cenan: 2/132.

[32] Muhammed en-Nevevo "Mecelletb'l Ezher sayı: 25" Ahmed Emin "es-Sakafe sayı 639" Abdulhamid Ubade "Lüğatu'l Arab sayı7" vs.

[33] Arapşa okunuuyla "Voltr Batun" (Ahmed b. Hanbel ve Mihnet). Bu kitab arapşaya Abdulaziz Abdulhak tercbme etmitir.

[34] İslam Dininde Allah ve Rasulü'nün sözünden sonra bir başkasının sözüne yer yoktur:
"Peygamber size ne verdiyse onu alın, size ne yasakladıysa ondanda sakının"
"Ey iman edenler, Allah ve Resul'ünün huzurunda öne geçmeyin"
Yahudiler ve Hristiyanlar ise, Allah'ın helallarını haram, haramlarını da helal kılan din adamlarının bu tutuımlarını kabullenerek onları Allah'tan başka Rabler edindiler:

Selef'ten buna benzer birçok söz gelmiştir. Çünkü bu tavır, ibadeti Allah'a has kılmanın bir gereğidir. Cenabı Hakk şöyle buyurdu:

"Allah ve Resûlü bir işe hüküm verdiği zaman, inanmış bir erkek ve kadına o işi kendi isteklerine göre seçme hakkı yoktur. Her kim Allah ve Resûlüne karşı gelirse, apaçık bir sapıklığa düşmüş olur" (Ahzab: 33/36)

İmam Şafii şöyle dedi: "Kendisine Resulullah (sallallahu aleyhi ve sellem)'in sünneti beyan olan kişinin bir başkasının sözüne uymasının caiz olmadığı konusunda alimler icmaa etmişlerdir"[35]

Buradan hareketle imamların itikatları aynıdır; çünkü telakki kaynakları da aynıdır. Bunların itikat birliği ilim ehli tarafından bilinen ve kabul edilen bir hususutur ki bu konuda Subkî şöyle dedi:

"Aralarından itizal ve tecsim düşüncesine sapanlar hariç, Allah'a hamd olsun ki bu dört mezhebe tabii olanların itikatları aynı hak üzeredir, selef ve halef ulamasının hüsnü kabul ile karşıladıkları Ebu Cafer et-Tahavî'nin akidesini benimserler."[36]

Diğer İmamlar Ve Ümmet'in Selefinin İtikad Birliği:

Sadece dört imam değil, tüm imamlar ve ümmetin selefi aynı hak itikat üzeredirle. Çünkü onların hepsi bu konuda ilmlerini direkt Peygamber *(sallallahu aleyhi ve sellem)*'den alan sahabenin mezhebi üzeredirler. "Sahabe (Allah hepsinden razı olsun) Peygamber (sallallahu aleyhi ve sellem) zamanında tek bir itikat üzerine idiler. Çünkü onlar vahiyi ve sahabe olma şerefini idrak etmişlerdir"[37]

İtikatlarını tek bir kaynaktan, vahiy kaynağından aldılar. Başka maddeler ile bu temiz kaynağı kirletmediler. Bu nedenle: "Allaha hamd olsun ki İsimler, Sıfatlar ve Fiiller meselelerinden her hangi bir mesele üzerinde kesinlikle ihtilaf etmemişlerdir. Bilakis Kitab ve Sünnet'in ifade ettiği her hususu ispat etmişlerdir...."[38]

Ümmet'in geri kalan selefi ve imamları da ihsan üzere onlara tâbi olmuşlardır.

Madem ki durum böyle, o halde bilinen ve üzerinde ittifak bulunan bu konuyu niçin gündeme getiriyoruz?

Ben derim ki: Bu hakikatin bazı insanlar tarafından görülmesini engelleyen birtakım belirsizlikler zuhur etmiştir. Öyle ki bazıları fıkhî mezheplerin çeşitliliğinin itikatta da çeşitlilik gerektirdiğini sanmışlardır.[39] Hatta 7. yy. da bazı kimseler imam'a gelerek O'na itkatları muhtelif olan iki kişinin durumunu ve kendisinin itikadını sordular. İmam *(radiyallahü anh)* bu soruya şöyle cevap verdi:

"Şafii *(radiyallahü anh)* ve Malik, Sevrî, Evzaî, İbn Mubarek, Ahmed b. Hanbel, İshak b. Rahaveyh gibi selefin itkatları Fudeyl b. Iyad, Ebu Süleyman ed-Daranî, Süheyl b. Abdillah et-Tusterî'nin ve diğerlerinin itikatları, kendilerine tabi olunan imamların itikatlarıyla aynıdır. Bu imamlar arasında usulu'd din hususunda herhangi bir tartışma veya ihtilaf yoktur.

Ebu Hanife *(radiyallahü anh)*'ninde itikadı aynıdır. Tevhid, kader vesair meselelerde O da yukarıda ismi geçen imamlarla aynı itikadı paylaşmaktadır. Tüm bu imamların itikatları sahabe ve ihsan ile onlara tabi olanların itikatlarının aynısıdır. Ki bu da Kitap ve Sünnet'in dile getirdiği itikattır"[40]

Ümmet tarafından kabul gören hiçbir alimin bilerek Peygamber *(sallallahu aleyhi ve sellem)*'in en küçük bir sünnetine dahi muhalefet etmesi mümkün değildir. Çünkü onlar Peygamber *(sallallahu aleyhi ve sellem)*'e ittibanın vacip olduğu ve Resulullah *(sallallahu aleyhi ve sellem)* dışında herkesin sözünün kabul ve red edilebileceği hususlarında tam bir yakin üzeredirler.[41]

İmamların, kendi sözlerinden ancak Kitab ve Sünnet'e uyan sözlerin alınabileceği ve asıl olanın Allah ve Resulü'nün sözü olduğu yönünde sayısız ifadeleri mevcuttur.

İmam Malik*(radiyallahu anh)* şöyle dedi:

"Ben her beşer gibi hata ve isabet edebilirim. Sözlerime bakın, Kitab ve Sünnet'e uyanlarını alın ve o ikisine uymayan sözlerimi terkedin."[42]

İmam Şafii'nin de şöyle dediği tevatüren sabittir: "Hadis sahih olduğu zaman benim sözümü alın duvara çarpın"[43] Diğer imamlardan da buna benzer sözler rivayet edilmiştir.

Bu nedenle ilim ehli, bazı imamlardan sahih hadise aykırı bir söz geldiği zaman bunun mutlaka bir özrünün bulunduğunu belirtmişlerdir. Bu özürler üç sınıftır:

1- O sözü gerçekten Resulullah *(sallallahu aleyhi ve sellem)*'in söylemiş olduğuna inanmamak.

"Allah'ı bırakıp hahamlarını ve rahiplerini rabler edindiler."
Bkz. Şerhu't Tahaviye 336, Hılyetu'l Evliya: 9/106, Menakibu'l Beyhakî: 1/474 vs.

[35] İ'lamu'l Muvakkon : 2/282, el-İkaz/83, Fethu'l Mecid: 555, er-Risale: 539, 541, 598.

[36] Muidu'n Niam:22-23.

[37] Miftahu's Saadet: 22-23.

[38] İ'lamu'l Muvakkin: 1/49

[39] İlerideki sahifelerde bu konuyu ayrıntılarıyla ele alacağız.

[40] el-Fetava: 5/256

[41] Refu'l Melam: 10.

[42] Mana Kavlu'l İmam: 105.

[43] İ'lamu'l Muvakkin: 2/282.

2- O söz ile bizzat sözkonusu meselenin kasıt edilmiş olduğuna inanmamak.

3- Bu hükmün nesh edilmiş olduğuna inanmak.

Diğer özürler bu üç ana özürden kaynaklanmıştır.[44]

İmamlar bidat yoluna değil, ittiba yoluna tabi oldular. Onlar kendilerine örnek ve lider olarak Resulullah *(sallallahu aleyhi ve sellem)*'i seçtiler. Bir kul Allah'ın azabından ancak şu iki şey ile kurtulabilir: Allah'ı birlemek ve gönderdiği elçiye uymak.

Müslüman Allah ve Resulünün hükmünden başka hüküm kabul etmez. Allah ve Resulünün emir ve haberlerini uygulamak ve tasdik etmek için şeyhinden, imamından veya büyük kabul ettiği kimselerden izin almaya gerek görmez. Şeyhinin veya imamının sözlerine uymayan nasları tevil ve tahrif etmeye kalkışmaz. Kulun Rabbinin huzuruna -şirk hariç- tüm günahlarla gitmesi, böyle bir şeyle gitmesinden daha hayırlıdır. Müslümana düşen sahih bir hadis duyar duymaz onu sanki Resulullah *(sallallahu aleyhi ve sellem)*'in dilinden dinliyormuş gibi hemen gereğini yerine getirmektir. Yoksa başkalarının görüşlerine uygun düşmüyor diye bu nasları tevil etmek değil. Bilakis başkalarının sözleri naslara uymadığı zaman reddedilmelidir. Makul denilen bir hayal için Allah Resulü'nün sözleri terkedilemez. O'nun *(sallallahu aleyhi ve sellem)* sözleri, kim olursa olsun hiç kimsenin tasdiğine tabi tutulamaz.

Vacib olan, haber verdiği şeyleri tasdik ederek, emrettiklerine uyarak, yasaklarından sakınarak ve Allah'a onun gibi ibadet ederek tam anlamıyla Resulullah *(sallallahu aleyhi ve sellem)* teslim olmaktır.[45] Nasıl ki "La ilahe illallah" şehadetinin gereği Allah'ı rububiyeti, uluhiyeti, isim ve sıfatları ile birlemek ise; "Muhammedu'r Resulullah" şehadetinin gereği de budur. İşte Peygamber *(sallallahu aleyhi ve sellem)* 'e ittiba ve teslim olmanın en mükemmel şekli budur. Ki kendilerine uyulan İslam imamlarının O'na *(sallallahu aleyhi ve sellem)* uymadaki halleri böyle idi. "Allah'ın onlara ikram ettiği en büyük nimetlerden birisi de Kitab ve Sünnet'e sarılmalarıdır. Sahabe ve ihsan üzere onlara tabi olanların üzerinde ittifak ettikleri temel usulden biri de, rey, zevk, makul, kıyas ve saire hangi nedenle olursa olsun Kur'an'a aykırı hiçbir görüşü kabul etmemektir. Onlar kesin deliller ve kati ayetlerle yakinen biliyorlardı ki Resul *(sallallahu aleyhi ve sellem)* Hak Din ve Hidayet ile gelmiştir ve Kur'an en doğru yola iletmektedir"[46]

İmamların usulü ve temek ölçüleri budur. Onlar dindeki imamet derecesine Seyyidu'l Mürselin (Gönderilmişlerin efendisi)'nin çizgisini takip ederek nail oldular. Bu nedenledir ki:

İmam el-Lalkaî "Şerhu Usuli İtikadî Ehli's Sünnet" isimli değerli eserine koyduğu ilk başlık şudur: "Resulullah *(sallallahu aleyhi ve sellem)*'dan sonra sünnet, davet ve istikamet çizgisinde yürüyen imamlar". Müellif bu başlık altında sahabe ve onlardan sonra değişik İslam ülkelerinde değişik zamanlarda yaşamış bir grup imamın isimlerini zikretmiştir ki bunların tamamı hakka tabi, hak üzere müttefik ve toplanmış imamlardır. Zaten dindeki imamet derecesine de bu özellikleri sayesinde nail olmuşlardır.

Fakat mademki itikat konusunda ümmetin selefi ve imamları Allah ve Resul'ünden aldıkları şekliyle aynı itikat üzere iseler, o halde bazı imamlar niçin bu konuda daha öne çıkmakta ve ehli sünnet mezhebi -bazen- onlara nisbet edilmektedir?

Bu soruyu şu şekilde cevaplayabiliriz:

Ehli Sünnet Mezhebinin Özellikle Bazı İmamlara Nisbet Edilmesinin Nedeni:

Bu konuda bazı imamların ön plana çıkmasının nedeni; kendi döneminde yaygınlık kazanan bidatlere ve bidat ehlinin bu yolda sürdürdükleri yoğun faaliyetlere karşı verdikleri mücadele nedeniyledir. Bu imamlar, karşılaştıkları bidatlerle hak yoldan mücadeleye tutuşarak onların batıl görüşlerine karşı sünneti savunmuşlar ve İmam Ahmed örneğinde olduğu gibi bu yolda birçok eziyet ve sıkıntılara maruz kalmışlardır. Bu onların isimlerinin daha ön plana çıkmasına neden olmuştur. Es-Sefarinî şöyle dedi: "Selef'in mezhebi tüm imamların, tabiin ve sahabden, onların da Resulullah *(sallallahu aleyhi ve sellem)*'den aldıkları mezhebin aynısı ise o halde niçin kendisinden önceki imamlar değil de özellikle İmam Ahmed bu mezhep ile meşhur olmuştur? diye sorduktan sonra bu soruya, ikinci hicri yüzyılda devlet yöneticilerinin de desteğiyle ortalığı kasıp kavuran Mutezile fitnesi ve bu fitneye karşı İmam Ahmed'in gösterdiği büyük direniş sonucu fitnenin yıkılıp, selefin mezhebinin galip gelmesi hadiselerini anlatarak cevap verdi.

İşte İmam Ahmed *(radiyallahu anh)*'in bu konudaki şöhretinin nedeni budur. Öyle ki Ebu'l Hasan el-Eşarî *(radiyallahu anh)* dahi onun bu konudaki İmametini kabul etmekte ve kendisini ona nisbet etmektedir"[47]

İmam el-Eşarî *(radiyallahu anh)* şöyle dedi:

"Bizim sözümüz ve dinimiz Aziz ve Celil Rabbimizin kitabına ve Peygamberimiz *(sallallahu aleyhi ve sellem)*'in sünnetine sarılmaktır. Biz Sahabe, Tabiin ve Hadis İmamlarından gelen rivayetlere bağlıyız. Ebu Abdillah Ahmed b. Muhammed b. Hanbel'in -Allah O'nun yüzünü aydınlatsın, derecelerini yükseltsin ve

---

[44] Bkz. Şerhu't Tahaviye: 1/228-229.

[45] Ayrıntılı bilgi için Bkz: Refu'l Melam sh. 10 ve sonrası.

[46] el-Fetava: 13/28.

[47] Bkz. Levamiu'l Envar 1/65-57

sevaplarını çoğaltsın- söylediklerinin aynısını biz de söylüyoruz. O'nun sözlerine muhalif olanlara biz de muhalifiz. Çünkü O hakkı aydınlatan, dalâlet, bidat, eğrilik ve şüphe ile mücadele eden faziletli bir imam ve kamil bir liderdir. Allah O'na rahmet etsin.[48]

Diğer imamlar da aynı yolda yürüdükleri halde İmam el-Eşarî, şöhretinden dolayı selef mezhebini İmam Ahmed'e nisbet etmiştir. Onlar ve onlara tabi olanların hepsi sünnet imamlarıdır ve kıyamete kadar onlara katılanların hepsi de sünnet ehlidirler. Bu nedenledir ki "Sen İmam Ahmed'in itikadını tasnif ediyorsun" diyenlere Şeyhu'l İslam İbn Teymiyye şöyle cevap vermiştir: "Ben özel olarak sadece İmam Ahmed'in değil tüm Selef-i salih'in itikadını tasnif ediyorum. İmam Ahmed sadece Resulullah *(sallallahu aleyhi ve sellem)*'in getirdiği ilmin tebliğcisidir. Eğer İmam Ahmed, Resulullah *(sallallahu aleyhi ve sellem)*'in sünnetine aykırı olarak kendiliğinden bir şey demiş olsaydı biz bunu reddederdik"[49]

İmam Ahmed'in hadis ilmindeki büyük mevkisi ve sünneti savunma yolunda çektiği sıkıntılar onun bu alanda daha meşhur olmasına neden olmuştur. Bazı mağrib alimleri şöyle demişlerdir:

"Mezheb Malik ve Şafii'nin, zuhur ise Ahmed b. Hanbel'in dir." Yani bazıları bu alanda daha çok meşhur olsalar da Ahmed ve diğer imamların mezhebleri aynıdır.

Bu Alanda Dört İmamın Öne Çıkmasının Nedeni:

Selef, diğer imamlar ve onlara tabi olanlar da aynı itikat üzere oldukları halde niçin özellikle dört imam ön plana çıkmaktadır?

Dört imamın ön plana çıkmasının nedeni; ilimlerinin genişliği, makamlarının yüceliği, bu yolda verdikleri mücadele, sahabe ve tabiin dönemine yakınlıkları, İslam Alemi'ndeki etkileri ve mezheblerinin yaygınlığı nedeniyledir. Ayrıca bu şekilde imamların itikad birliğini ve bunun sünnet ve sahabenin görüşlerine uygunluğunu beyan ederek, bu imamlara tabi olduklarını iddia ettikleri halde gerçekte onların yollarına uymayan kimseler üzerine hüccet ikame edilmektedir. Üçüncü bir diğer husus ta şudur: Bu büyük imamların itikatlarını, muteber kaynaklarını esas alarak açıklıyoruz. Böylece bu imamlardan herhangi birisine nisbet edilen bazı batıl sözlerin asılsız ve uydurma olduğunu kanıtlamış oluyoruz. Şafii İmamlarından Şeyhu'l Harameyn Ebu'l Hasan Muhammed b. Abdilmelik el-Kercî[50] bu konuda "el-Fusul fi''l Usulî ani'l Eimmet'l Fuhul İlzamen li-Zevi'l Bida ve'l Fudul" isminde bir kitap yazmıştır. Şeyh bu kitabında Şafii, Malik, Sevrî, Ahmed b. Hanbel, Buharî, Süfyan b. Uyeyne, Abdullah b. Mubarek, Evzaî, Leys b. Sad ve İshak b. Rahaveyh'in sünnet usulü konusundaki sözlerini beyan ederek itikadlarını tesbit etmiş ve her birinin hayat tercemesini vererek bu imamların İslam'daki büyük mertebelerini gözler önüne sermiştir.

Şeyhu'l Harameyn kitabının bir yerinde şöyle diyor: "Diğerlerinden değil de sadece bu imamlardan nakil yapılması, doğusu ve batısı ile tüm İslam Aleminde bu imamların mezheplerinin yayılması ve bu imamların da, önderlik ve imametlik şartlarına diğer imamlara göre daha çok sahip olmaları nedeniyledir. Bu imamlar hıfz, basiret, zeka, Kitap, sünnet, icma, sened, rical, ahval, arab dili, dilin tarihi gelişimi, nasıh, mensuh, menkul, makul vs konularında tam bir yeterlilik sahibi idiler ve ayrıca emanete riayet ve dindarlılıkları ile temayüz etmişlerdir.

Bu imamların bir diğer özellikleri de sahabe ve tabiin dönemine yakınlıkları ve ilimlerini onlardan almış olmalarıdır."

"Açıklamak istediğimiz üçüncü bir husus da şudur: Bu imamların mezheplerini ispatlayarak onlara uyuyormuş gibi görüldükleri halde itikadi konularda onlara muhalefet edenler aleyhine hüccet sunmaktır. Bir imamın itikadını inkar edip mezhebine uymak Şeran ve teban hayret verici bir şeydir.

Kim ki ben, Şeran Şafii'ye, itikaden Eşarii'ye tabi oluyorum derse açık bir çelişkiye düşmüş olur. Çünkü Şafii, hiçbir zaman Eşarii değildi. Ben furuu da Hanbelî usulde Mutezilîyim demek de İmam Ahmed'e hakarettir. Çünkü Ahmed ömrü boyunca Mutezile ile mücadele etmiştir."

Ve yine şöyle dedi: "Ve yine Malikilerden bazıları da Eşarî mezhebinin fitnesine kapılmışlardır ki bu onlar için büyük bir ar ve vebaldir. Çünkü bu büyük imamların mezhepleri, Cehmiyye, Mutezile, Kadriyye, Vakifiyye ve Lafziyye mezheplerini inkara dayanır."

Yazar daha sonra lafız meselesi üzerinde durduktan sonra şöyle diyor: "Diğer selef imamlarının mezhepleri daha sonra unutulup, hiçbir tabisi kalmadığından onlardan nakil gereği duymadık."

"Eğer denilse ki: O halde niçin mezhepleri yaygınlık kazanan hadis ashabından sadece şu imamlardan nakilde bulunmadınız: Şafii, Malik, Sevri ve Ahmed? Çünkü Evzaî, Sevrî ve diğerlerinin hiçbir tabisi kalmamıştır."

"Denilir ki: Çünkü bu zikrettiklerimiz dışındaki diğer imamlar genel mezheb imamlarıdırlar. Ki bunlar kendi dönemlerinde önder idiler; fakat bunların mezhebleri daha sonra diğer büyük imamların mezheblerine ilhak edilmiştir. Şöyle ki İbn Uyeyne önder bir imam olmasına rağmen tercih ettiği hükümler konusunda herhangi bir

---

[48] el-İbane/15.

[49] el-Fetava 3/169

[50] Kerco'nin bu kitabını bize Şeyhu'l İslam İbn Teymiyye nakletmiştir. (Bkz. el-Fetava 4/175-180). Kitab'ın aslı ise Şeyh Hammad el-Ensaro'nin dediğine güre kaybolmuştur.

eser yazmamıştır. Onun yerine Şafii, Ahmed ve İshak yazmışlardır. Dolayısıyla İbn Uyeyne'nin mezhebi bu şahısların mezheblerine karışmıştır.

Leys b. Sad'ın öğrencileri ise onun mezhebini sürdürememişlerdir. Şafii şöyle dedi: 'O'nun arkadaşları olmadı'. Ancak mezhebi Malik ve Sevri'nin mezheblerine yakındır. Dolayısıyla O'nun mezhebi de bu ikisinin mezhebine karışmıştır.

Evzaî'nin sözleri ise mutlaka Malik, Sevrî veya Şafii'den birisinin sözlerine uymaktadır ki dolayısıyla O'nu mezhebi de bu üç mezhebe karışmıştır. Aynı şekilde İshak'ın görüşleri de Ahmed'in görüşleriyle aynı paraleldedir."

"Denilse ki bu imamların mezheblerinin diğer büyük imamların mezheblerine dahil olduğunu tafsilatlı bir şekilde kim açıklamıştır"? Derim ki: Bunu Şeyh Ebu Hamid el-Esferainî Beyanü'l Ahkam isimli büyük ve değerli eserinde açıklamıştır"

"Ebu Zera ve Ebu Hatim'in namaz ve diğer hükümlerdeki tercihleri okuduğum ve gördüğüm kadarıyla Ahmed'in görüşlerine uygundur. Buharî'ye gelince; bu konuda Hafız Muhammed b. Tahir'in şöyle dediğini işittim: Buharî'nin hükümler ve meseleler konusundaki seçimleri Ahmed ve İshak'ın tercihlerine uygundur.

İşte; özellikle bu imamları zikretmemizin nedeni onların imamet şartlarına daha çok sahip olmaları nedeniyle uyulmaya daha layık olmaları ve diğerlerinin onların imamet derecelerine ulaşamamış olmamalarından dolayıdır."

Yazar daha sonra ayrı bir bölüm halinde şöyle diyerek imamların değerlerini özetledi: "İmamların usul ve itikatlerini araştırıp ilmi deliller ile ispat edip, bunu bölümler halinde açıkladım ve her bölüme imametlerine delil olacak, onlara uymayı gerektirecek, muhalefetten sakındıracak övgülerle başladım. Günümüzde usul konusunda isimlerini andığınız imamlara uymak sahabe ve tabiinden gelen icmaaya uymak gibidir. Hiçbir müslüman bunun hilafına hareket edemez ve bu konuda hiçbir özür beyan edemez. Onlar hak üzeredirler ve bu ümmetin mezheblerinin büyükleridirler. Onlar önder alimler, din ve diyanet, sıdk ve emanet, büyük ilim ve ictihad erbabıdırlar. İşte bu nedenlerden dolayı ümmet onları baştacı etmiş, usul ve furuu da onlara uymuştur."

Yine şöyle dedi: "Kitabın başında da açıkladığımız gibi biz kesin olarak biliyoruz ki bu imamlar, imamlık şartlarına haiz olmaları, derin bilgileri ve Resulullah *(sallallahu aleyhi ve sellem)*'in dönemine yakınlıkları nedeniye Allah Resulü *(sallallahu aleyhi ve sellem)*'in ve Sahabesinin itikatlarını kesinlikle herkesten daha iyi biliyorlardı." Sonra şöyle devam etti: "Sonra bazı kardeşlerin soruları tevcihleri doğrultusunda bu kitabın başlıklarından birini imamların bazı sözlerine ayırdım.

İmamların naslarını iki bölümde topladım:

1) Sünnet ve faziletinin beyanı hakkında

2) Bidat ve ehlini terki hakkında

Birinci Fasıl: Bil ki 'sünnet' Resulullah *(sallallahu aleyhi ve sellem)*'in yoluna uymak ve gittiği yoldan gitmektir ki bu da üç kısmdır: Sözler, ameller ve akaid.

Sözler: Zikirler ve tesbihat bu kısımdandır.

Ameller: Namazın ve orucun sünnetleri, mezkur sadakalar ve ayrıca hoş davranışlar ve edeb kuralları vs gibi ki bu son ikisi istihbab ve sevab kazanma babındandır.

Üçüncü kısım **akaid** sünnetidir ki buda inanılması gereken kaidelere imanetmekir".

Şeyh şöyle devam etti: "İşte onlardan bize ulaşan sözleri Allah'ın yardımıyla mümkün olan en veciz şekilde, ezberlemek isteyenlerin dikkatlerine sunuyorum:

Sünnete uymak isteyenler bilmelidirler ki 'akaid' sünneti üç kısımdır.

1) Allah'ın isimleri, zatı ve sıfatları.

2) Peygamber *(sallallahu aleyhi ve sellem)*'ile ilgili hususlar.

3) İslam ehli ile ilgili hususlar."

Şeyh, sonra da bu üç kısmın açıklamasına geçti.[51]

Peygamberlerin De İtikatları Birdir:

Tüm bunlardan, dört imamın ve hatta tüm imamlar ve ümmetin fakih selefinin itikatlarının aynı olduğu anlaşılmaktadır. Çünkü onlar aynı kaynaktan almışlardır ki o kaynak da Resulullah *(sallallahu aleyhi ve sellem)*'dir.

Resulullah *(sallallahu aleyhi ve sellem)*'in itikadı ise diğer peygamber kardeşlerinin itikatları ile aynıdır. Şeriatleri değişse de tüm peygamberlerin (Tamamına salat ve selam olsun) dinleri birdir. Ebu Hureyre'den gelen sahih hadiste Peygamber *(sallallahu aleyhi ve sellem)* şöyle buyurdu:

"Biz peygamberler topluluğunun dini birdir".

Nevevî şöyle dedi: "Cumhuru ulema şöyle dedi: Peygamberlerin iman ve şeriat usülleri birdir. Onlar tevhid usülü konusunda müttefik fakat şeriatin teferruatları konusunda muhteliftirler"[52]. İbn Hacer de şöyle dedi: "Söz, şeri teferruatlar konusunda ihtilaf etseler de, dinlerinin aslı aynıdır anlamındadır"[53]

---

[51] Bkz. Buhari 4/203, Müslim: 2365, Ahmed: 2/ 406.

Cenabı Hakk birçok ayeti kerime ile bu hususu açıkça beyan etmiştir:

"Senden önce hiçbir resûl göndermedik ki ona: "Benden başka İlâh yoktur; şu halde bana kulluk edin" diye vahyetmiş olmayalım." (Enbiya, 21/25)

"Andolsun ki biz, "Allah'a kulluk edin ve Tâğut'tan sakının" diye (emretmeleri için) her ümmete bir peygamber gönderdik." (Nahl, 16/36).

Bu nedenle yine şöyle buyurdu:

"Dini ayakta tutun ve onda ayrılığa düşmeyin" diye Nuh'a tavsiye ettiğini, sana vahyettiğimizi, İbrahim'e, Musa'ya ve İsa'ya tavsiye ettiğimizi Allah size de din kıldı. Fakat kendilerini çağırdığın bu (din), Allah'a ortak koşanlara ağır geldi. Allah dilediğini kendisine (peygamber) seçer ve kendisine yöneleni de doğru yola iletir." (Şura, 42/13)

Allah'ın, Muhammed *(sallallahu aleyhi ve sellem)*'in ümmeti için kıldığı İslam Dini, tüm peygamberlerin dinidir.[54]

"Allah nezdinde hak din İslâm'dır." (Al-i İmran, 3/19)

Allah *(cc)* daha önce Nuh, İbrahim, Musa, İsa ve diğer peygamberlere verdiği dinin aynısını Muhammed'e *(sallallahu aleyhi ve sellem)* de vermiştir. *"Dini ayakta tutun"* buyruğundan maksat Allah'ın tevhidi, itaati üzerine olmak, peygamberlerine, kitaplarına ve ahiret gününe ve inanılması gereken diğer hususlara inanmaktır. Şeriatler ise ümmetlerin çıkarları gereği zamanlara göre değişiklik gösterebilir. Tıpkı Hakk Teala'nın buyurduğu gibi:

"(Ey ümmetler!) Her birinize bir şerîat ve bir yol verdik." (Maide, 5/48).

Pegamberler; itikadi ve genel amel usuller itibariyle aynı din üzeredirler. İtikadi olarak: Allah'a, peygamberlerine ve ahiret gününe iman gibi. Ameli olarak ise; Enam, A'raf ve İsrailoğulları surelerinde zikredilen amelleri örnek olarak verebiliriz. Enam suresinin üç ayeti kerimesinde şöyle buyruldu:

"De ki: Gelin Rabbinizin size neleri haram kıldığını okuyayım: O'na hiçbir şeyi ortak koşmayın, ana-babaya iyilik edin, fakirlik korkusuyla çocuklarınızı öldürmeyin -sizin de onların da rızkını biz veririz-; kötülüklerin açığına da gizlisine de yaklaşmayın ve Allah'ın yasakladığı cana haksız yere kıymayın! İşte bunlar Allah'ın size emrettikleridir. Umulur ki düşünüp anlarsınız.

"Rüşd çağına erişinceye kadar, yetimin malına, sadece en iyi tutumla yaklaşın; ölçü ve tartıyı adaletle yapın. Biz herkese ancak gücünün yettiği kadarını yükleriz. Söz söylediğiniz zaman, yakınlarınız dahi olsa adaletli olun, Allah'a verdiğiniz sözü tutun. İşte Allah size, iyice düşünesiniz diye bunları emretti.

"Şüphesiz bu, benim dosdoğru yolumdur. Buna uyun. (Başka) yollara uymayın. Zira o yollar sizi Allah'ın yolundan ayırır. İşte sakınmanız için Allah size bunları emretti."

Diğer örnekler:

"Rabbin, sadece kendisine kulluk etmenizi, ana-babanıza da iyi davranmanızı kesin bir şekilde emretti. Onlardan biri veya her ikisi senin yanında yaşlanırsa, kendilerine "of!" bile deme; onları azarlama; ikisine de güzel söz söyle. (İsra: 17/23. Ve tavsiye devam eden sonraki ayetler.)

Ve ayrıca şu örnekleri de verebiliriz:

"De ki: Rabbim adaleti emretti. Her secde ettiğinizde yüzlerinizi O'na çevirin ve dini yalnız Allah'a has kılarak O'na yalvarın. İlkin sizi yarattığı gibi (yine O'na) döneceksiniz." (Araf, 7/29).

"De ki: Rabbim ancak açık ve gizli kötülükleri, günahı ve haksız yere sınırı aşmayı, hakkında hiçbir delil indirmediği bir şeyi, Allah'a ortak koşmanızı ve Allah hakkında bilmediğiniz şeyleri söylemenizi haram kılmıştır." (Araf, 7/33).

Zikredilen bu hususlar üzerinde tüm peygamberler müttefiklerdir.

Ayrıca Mekkî surelerde genel hatlarıyla tüm peygamberlerin üzerinde müttefik oldukları usulleri ihtiva etmektedir.[55]

İşte tüm peygamberlerin üzerinde müttefik oldukları bu din, İslam Dinidir. Hakk Teala şöyle buyurdu:

"Allah nezdinde hak din İslâm'dır." (Al-i İmran, 3/19)

Allah, öncekilerden ve sonrakilerden hiç kimseden, bu dinden başka bir din kabul etmez.

"Kim, İslâm'dan başka bir din ararsa, bilsin ki kendisinden (böyle bir din) asla kabul edilmeyecek ve o, ahirette ziyan edenlerden olacaktır." (Al-i İmran, 5/85).

Nuh *(aleyhisselam)*'dan peygamberimiz Muhammed *(aleyhisselam)*'a kadar tüm peygamberler aynı İslam üzeredirler. Cenabı Hakk Nuh ile ilgili olarak şöyle buyurdu:

"Onlara Nuh'un haberini oku: Hani o kavmine demişti ki: "Ey kavmim! Eğer benim (aranızda) durmam ve Allah'ın âyetlerini hatırlatmam size ağır geldi ise, ben yalnız Allah'a dayanıp güvenirim. Siz de ortaklarınızla

---

[52] Şerhu Sahihi Müslim: 15/120.

[53] Fethu'l Baro: 6/489.

[54] Özellikle Nuh, İbrahim, Musa ve İsa peygamberlerin zikredilmesinin nedeni bunların şeriat sahibi ulu'l azm peygamberler olması nedeniyledir. Bkz. Ruhu'l Meano: 25/19.

[55] Fetava: 15/159-160.

beraber toplanıp yapacağınızı kararlaştırın. Sonra işiniz başınıza dert olmasın. Bundan sonra (vereceğiniz) hükmü, bana uygulayın ve bana mühlet de vermeyin."

"Eğer yüz çeviriyorsanız, zaten ben sizden bir ücret istemedim. Benim ecrim Allah'tan başkasına ait değildir ve bana müslümanlardan olmam emrolundu." (Yunus, 10/71-72)

İbrahim ile ilgili olarak da şöyle buyurdu:

"İbrahim'in dininden kendini bilmezlerden başka kim yüz çevirir? Andolsun ki, biz onu dünyada (elçi) seçtik, şüphesiz o ahirette de iyilerdendir.

"Çünkü Rabbi ona: Müslüman ol, demiş, o da: Alemlerin Rabbine boyun eğdim, demişti.

"Bunu İbrahim de kendi oğullarına vasiyet etti, Yakub da: Oğullarım! Allah sizin için bu dini (İslâm'ı) seçti. O halde sadece müslümanlar olarak ölünüz (dedi)." (Bakara: 130-132)

Musa ile ilgili olarak da şöyle buyurdu:

"Musa dedi ki: Ey kavmim! Eğer Allah'a inandıysanız ve O'na teslim olduysanız sadece O'na güvenip dayanın." (Yunus, 10/84).

Ve Mesih'in haberi:

"Hani havârîlere, "Bana ve peygamberime iman edin" diye ilham etmiştim. Onlar (da), "İman ettik, bizim Allah'a teslim olmuş kimseler (müslümanlar) olduğumuza sen de şahit ol" demişlerdi." (Maide, 5/111).

"Tevrat'ı indirdik. Kendilerini (Allah'a) vermiş peygamberler onunla yahudilere hükmederlerdi." (Maide, 5/44).

Belkıs'ın da şöyle dediği bildirildi:

"Rabbim! Ben gerçekten kendime yazık etmişim. Süleyman'la beraber âlemlerin Rabbi olan Allah'a teslim oldum." (Neml, 27/44).

İslam, sadece Allah'a teslim olmak demektir. Hem Allah'a hem de bir başkasına teslim olan müşriktir. Allah'a teslim olmayan O'na ibadet etmekten büyüklenmektedir ki, O'na şirk koşan ve O'nun ibadetine karşı büyüklenen kimse kafirdir. Sadece O'na teslim olmak; sadece O'na ibadet etmek ve sadece O'na itaat etmeyi de içine alır.

İşte bu İslam Dinidir ki Allah O'ndan başka din kabul etmez. Bu da, her zaman diliminde Allah'a, o zaman dilimi içinde emrettiği gibi ibadet etmekle olur. Önce Sahra (Aksa)'ya dönerek ibadet etmek emredilmiş iken daha sonra Kabe'ye yönelerek ibadet etmek emredilmiştir. İşte bu her iki fiili de emredildiği zamanda yapmak İslam'ın gereğindendir.

Allah *(cc)*, önce gelen peygamberlerin kendinden sonra gelecek peygamberleri müjdelemelerini ve onlara iman etmelerini, sonra gelen peygamberlerin de kendilerinden önceki peygamberleri tasdik edip onlara iman etmelerini dinin bir gereği kılmıştır. Hakk Teala şöyle buyurdu:

"Hani Allah, peygamberlerden: "Ben size Kitap ve hikmet verdikten sonra nezdinizdekileri tasdik eden bir peygamber geldiğinde ona mutlaka inanıp yardım edeceksiniz" diye söz almış, "Kabul ettiniz ve bu ahdimi yüklendiniz mi?" dediğinde, "Kabul ettik" cevabını vermişler, bunun üzerine Allah: O halde şahit olun; ben de sizinle birlikte şahitlik edenlerdenim, buyurmuştu." (Al-i İmran, 3/81).

İbn Abbas şöyle dedi: Allah gönderdiği tüm peygamberlerden şayet onlar hayatta iken Muhammed *(aleyhisselam)* gönderilirse, ona iman ve yardım etmek üzere misak aldı. Aynı misakı O da ümmetinden aldı. Hakk Teala şöyle buyurdu:

"Sana da, daha önceki kitabı doğrulamak ve onu korumak üzere hak olarak Kitab'ı (Kur'an'ı) gönderdik. Artık aralarında Allah'ın indirdiği ile hükmet; sana gelen gerçeği bırakıp da onların arzularına uyma. (Ey ümmetler!) Her birinize bir şerîat ve bir yol verdik." (Maide, 5/48).

Allah *(cc)* imanı bir bütün kıldı ve dini parçalamanın küfür olduğunu bildirdi:

"Allah'ı ve peygamberlerini inkâr edenler ve (inanma hususunda) Allah ile peygamberlerini birbirinden ayırmak isteyip "Bir kısmına iman ederiz ama bir kısmına inanmayız" diyenler ve bunlar (iman ile küfür) arasında bir yol tutmak isteyenler yok mu;

İşte gerçekten kâfirler bunlardır. Ve biz kâfirlere alçaltıcı bir azap hazırlamışızdır." (Nisa, 4/150-151).

Ve şöyle buyurdu:

"Yoksa siz Kitab'ın bir kısmına inanıp bir kısmını inkâr mı ediyorsunuz? Sizden öyle davrananların cezası dünya hayatında ancak rüsvaylık; kıyamet gününde ise en şiddetli azaba itilmektir. Allah sizin yapmakta olduklarınızdan asla gafil değildir." (Bakara, 2/85)

Hakk Teala bize şöyle hitab etti:

" "Biz, Allah'a ve bize indirilene; İbrahim, İsmail, İshak, Ya'kub ve esbâta indirilene, Musa ve İsa'ya verilenlerle Rableri tarafından diğer peygamberlere verilenlere, onlardan hiçbiri arasında fark gözetmeksizin inandık ve biz sadece Allah'a teslim olduk" deyin.

Eğer onlar da sizin inandığınız gibi inanırlarsa doğru yolu bulmuş olurlar; dönerlerse mutlaka anlaşmazlık içine düşmüş olurlar. Onlara karşı Allah sana yeter. O işitendir, bilendir." (Bakara, 2/136-137).

Allah *(cc)* bize tüm peygamberlere iman etmemizi emretti. Muhammed *(sallallahu aleyhi ve sellem)*'in risaleti kendisine ulaştığı halde kim iman etmez ise, o kimse asla mümin ve müslüman değildir. İstediği kadar aksini iddia etse de.

"Kim, İslâm'dan başka bir din ararsa, bilsin ki kendisinden (böyle bir din) asla kabul edilmeyecek ve o, ahirette ziyan edenlerden olacaktır." (Al-i İmran, 3/85)

Yahudi ve Hristiyanların 'Bizler müslümanız'[56] dedikleri zikredildi. Bunun üzerine Cenabı Hakk şu buyruğunu indirdi:

"Yoluna gücü yetenlerin o evi haccetmesi, Allah'ın insanlar üzerinde bir hakkıdır." Bunun üzerine 'Biz haccetmeyiz' dediler. Hakk Teala da şöyle buyurdu: *"Kim inkâr ederse bilmelidir ki, Allah bütün âlemlerden müstağnidir."* (Al-i İmran, 3/97).

Allah'ın emri gereği evini haccetmeksizin tam anlamıyla O'na teslimiyet gerçekleşmiş olmaz.

Ki Resulullah *(sallallahu aleyhi ve sellem)* İslam'ın üzerine bina edildiği beş temelden birinin de hacc olduğunu bildirdi.[57]

Allah şu buyruğunu Resulullah *(sallallahu aleyhi ve sellem)* Arafat'da vakfeye durduğu zaman indirdi.

"Bugün size dininizi ikmal ettim, üzerinize nimetimi tamamladım ve sizin için din olarak İslâm'ı beğendim." (Maide, 5/3)

İnsanlar geçmişteki Musa ve İsa peygamberlerin ümmetlerinin müslüman olup olmadıklarını tartıştılar. Bu yüzeysel bir tartışmadır. Allah'ın Muhammed *(sallallahu aleyhi ve sellem)*'i gönderdiği ve Kur'an şeriatını kapsayan özel İslam'dır ve bugün İslam denilirken kastedilen de budur. Genel İslam ise, tüm peygamberlerin getirdiklerinin genel ismidir.

Mutlak olarak İslam'ın temeli Allah'tan başka ilah olmadığına şahadet etmektir ki tüm peygamberler bu kelime ile gönderilmişlerdir. Hakk Teala şöyle buyurdu:

"Andolsun ki biz, "Allah'a kulluk edin ve Tâğut'tan sakının" diye (emretmeleri için) her ümmete bir peygamber gönderdik" (Nahl, 16/36)

"Senden önce hiçbir resûl göndermedik ki ona: "Benden başka İlâh yoktur; şu halde bana kulluk edin" diye vahyetmiş olmayalım." (Enbiya, 21/25)

"Bir zaman İbrahim, babasına ve kavmine demişti ki: Ben sizin taptıklarınızdan uzağım."

"Ben yalnız beni yaratana taparım. Çünkü O, beni doğru yola iletecektir". (Zuhruf, 43/26-27).

"İbrahim dedi ki: İyi ama, neye taptığınızı (biraz olsun) düşündünüz mü?

''İster siz, ister eski atalarınız''

İyi bilin ki onlar benim düşmanımdır; ancak âlemlerin Rabbi (benim dostumdur)" (Şuara, 26/75-76)

"İbrahim'de ve onunla beraber olanlarda, sizin için gerçekten güzel bir örnek vardır. Onlar kavimlerine demişlerdi ki: "Biz sizden ve Allah'ı bırakıp taptıklarınızdan uzağız. Sizi tanımıyoruz. Siz bir tek Allah'a inanıncaya kadar, sizinle bizim aramızda sürekli bir düşmanlık ve öfke belirmiştir." (Mümtehine, 60/4)

Cenabı Hakk yine Nuh, Hud, Salih ve diğer peygamberlerin şöyle dediklerini zikretti:

"Andolsun ki Nuh'u elçi olarak kavmine gönderdik. Dedi ki: Ey kavmim! Allah'a kulluk edin, sizin ondan başka tanrınız yoktur. Doğrusu ben, üstünüze gelecek büyük bir günün azabından korkuyorum.

"Ad kavmine de kardeşleri Hûd'u (gönderdik). O dedi ki: "Ey kavmim! Allah'a kulluk edin; sizin O'ndan başka tanrınız yoktur. Hâla sakınmayacak mısınız?"

"Semûd kavmine de kardeşleri Salih'i (gönderdik). Dedi ki: Ey kavmim! Allah'a kulluk edin; sizin O'ndan başka tanrınız yoktur. Size Rabbinizden açık bir delil gelmiştir. O da, size bir mucize olarak Allah'ın şu devesidir. Onu bırakın, Allah'ın arzında yesin, (içsin); ona kötülük etmeyin; sonra sizi elem verici bir azap yakalar.

"Medyen'e de kardeşleri Şuayb'ı (gönderdik). Dedi ki: Ey kavmim! Allah'a kulluk edin, sizin ondan başka tanrınız yoktur." (Araf Suresi).

Ashabı Kehf ile ilgili de şöyle buyruldu:

"Biz sana onların başından geçenleri gerçek olarak anlatıyoruz. Hakikaten onlar, Rablerine inanmış gençlerdi. Biz de onların hidayetini arttırdık.

Onların kalplerini metîn kıldık. O yiğitler (o yerin hükümdarı karşısında) ayağa kalkarak dediler ki: "Bizim Rabbimiz, göklerin ve yerin Rabbidir. Biz, O'ndan başkasına tanrı demeyiz. Yoksa saçma sapan konuşmuş oluruz.

Şu bizim kavmimiz Allah'tan başka tanrılar edindiler. Bari bu tanrılar konusunda açık bir delil getirseler. (Ne mümkün!) Öyle ise Allah hakkında yalan uydurandan daha zalimi var mı?" (Kehf Suresi).

Ve şöyle buyurdu:

"Allah, kendisine ortak koşulmasını asla bağışlamaz; bundan başkasını, (günahları) dilediği kimse için bağışlar. Allah'a ortak koşan kimse büyük bir günah (ile) iftira etmiş olur." (Nisa, 4/48).

Peygamberlerin Davetteki Öncelikleri De Aynıdır:

---

[56] Bkz. Tabero Tefsiri: 6/570

[57] Mьttefekun aleyh hadis.

Tüm peygamberlerin itikatları aynı olduğu gibi davetlerinin esası ve davet ettikleri temel ilke de aynıdır ki bu da, sadece ortağı olmayan bir tek Allah'a kulluk etmektir. Her peygamber davetine şu cümle ile başlıyordu: *"Allah'a kulluk edin, sizin ondan başka tanrınız yoktur."*

Allah *(cc)*'ın haber verdiği gibi Nuh, Hud, Salih, Şuayb ve diğer tüm peygamberler davetlerine bu kelime ile yani tevhid ile başlamışlardır. Zaten dinin temeli de budur.

Günümüzde de davetin bu esas üzerine yapılması ve insanların öncelikle sadece Allah'a kulluk etmeye çağrılmaları gerekir.

Çünkü her bakımdan önder ve lider olan Allah'ın elçileri öyle yapmışlardır ve bizim yaratılış gayemiz sadece Allah'a ibadet etmektir. *"Ben cinleri ve insanları, ancak bana kulluk etsinler diye yarattım."* (Zariyat, 51/56).

Fakat günümüzde davet işini yürütenlerin az bir kısmı müstesna, çoğu bu önemli esastan gafildirler.

Hilafetin 1924'de yıkılması İslam Cemaatlerinin buna tepki olarak tüm çalışmalarını hilafet ve imamet meseleleri üzerine yoğunlaştırmalarına ve Peygamberlerinin davetlerini aslı ve temelinden uzaklaşmalarına neden olmuştur ki bunun aşağıda ifade ettiğimiz birçok vahim neticeleri olmuştur:

1) İslam Aleminde her türlü şirkin yayılmasının hız kazanması.

2) Bidatçilerin metodlarının benimsenmiş olması. Şöyle ki Rafiziler dinlerinin esasını İmamet meselesi üzerine bina ederlerken, Mutezile de emri bilmaruf ve nehyi anil münker üzerine bina etmiştir.

3) Müslüman gençlerin idam sehpalarını ve hapishaneleri doldurmalarına neden olarak, istemeyerek de olsa, zalim yöneticilerin daha da güçlenmelerine sebep olunmuştur.

Peygamberlerin tevhid esası üzerine yürüttükleri davet metoduna uyarak başarıya ulaşan davete, İmamu'l Müceddid Şeyhu'l İslam Muhammed b. Abdilvahhab'ın davetini verebiliriz. Ki O davetini şu iki esas üzerine yürütmüştür:

1) Sadece Allah'a kulluğa çağırarak ve şirkten kaçındırarak itikadı düzeltmek. Bu onun temel amacı idi.

2) Müslüman yöneticiler ile maruf üzere yardımlaşmak ki bu konunun detaylarına burada girmeyeceğiz.

İmamların Kaynak Birliği:

İtikad birliği; ilim kaynağının ve istidlal metodunun bir olması ile sağlanır.

İşte selef ve imamlar ve ehli sünnetin ilim kaynakları aynıdır. Bu kaynaklar da Kur'an, Sünnet ve İcma'dır. Onların itikadlarının esası Kur'an'dır. Onlar öncelikle Kur'an'ı Kur'an ile sonra sünnet, sonra sahabe ve tabiinin sahih sözleriyle tefsir ederlerdi.[58]

Kur'an'ın açıklayıcısı olan sünnet, onların kabul ettikleri ikinci esastır. Buhari ve Müslim'in sahihleri, Ebu Davud, Nesaî, İbn Mace'nin sünnetleri, Darimi'nin süneni, Malik'in Muvatta'sı ve Ahmed'in Müsned'i gibi hadis kitapları bu alandaki temel kaynaklardır.

Onların itikadlarını aldıkları üçüncü kaynak İcma'dır. Ümmet asla sapıklık üzere icma etmez. Fakat ümmet'in bir kısmı sapıklığa düşebilir. Çünkü hatadan korunma peygambelere mahsustur. Vahiy sahibi hariç herkesin sözü alınabilir de reddedilebilir de. Fakat Allah'a hamdolsun ki ümmetin tamamı dalalet üzere birleşmez.

Fakat kıyas, istihsan, zevk, keşf, nazar ve akıl[59] gibi unsurlar itikada esas teşkil etmez .Allah dinini tamamlamış ve bize din olarak İslam'ı seçmiştir.

"Bugün size dininizi ikmal ettim, üzerinize nimetimi tamamladım ve sizin için din olarak İslâm'ı beğendim."

Resulullah *(sallallahu aleyhi ve sellem)* şöyle buyurdu:

"Gecesi gündüz gibi olan çok aydınlık bir şeriat üzere terkedildiniz. Bundan ancak helak olan yüzçevirir."[60]

Ebu Derda şöyle dedi: "Allah ve Resulü doğru söyledi. Aydınlık bir yol üzere bırakıldık."[61]

İmam Şafii de şöyle dedi: "Her konuda Allah'ın kitabından bir delil mevcuttur."[62]

İbn Hazm da şöyle dedi: "Resulullah *(sallallahu aleyhi ve sellem)* Dini, Allah'tan aldığı gibi eksiksiz olarak olduğu gibi beyan ve tebliğ etti."[63]

Hakk Teala şöyle buyurdu:

"Ey Resûl! Rabbinden sana indirileni tebliğ et. Eğer bunu yapmazsan O'nun elçiliğini yapmamış olursun." (Maide, 5/67)

Peygamber *(sallallahu aleyhi ve sellem)*'in usul-furu, zahir-batın, ilim-amel gibi dinin tamamını beyan ettiğine inanmak İslam'dan bilinmesi gereken zaruri şeylerden biridir.[64]

---

[58] İbn Teymiyye/Mukaddimetü't-Tefsir (Fetava, 13/363).

[59] Yani akıl tek başına itikadî konuları bilmenin kaynağı değildir. İslam'da vahiy akla hitab eder. Şeyhu'l İslam İbn Teymiyye şöyle dedi: "Sarih, yani şüphe ve şehvetlerden salim akıl, hiçbir şekilde sahih nakille çelişmez."

[60] İbn Mace (1/16), Ahmed, (4/126), Hakim, (1/96).

[61] İbn Ebi Asım, Kitabu's sünne (1/26)' da rivayet etti.

[62] er-Risale, sh. 20.

[63] el-Muhalla, 1/26.

[64] Bkz. Mearicu'l Vusul sh. 2 ve Muvafakatu Sahihu'l Mankul li Sarihi'l Makul: 1/13.

İtikad Birliği Ehli Sünnet'in Özelliklerinden Biridir:

İtikad birliği ehli sünnet'in özelliklerinden birisidir. Çünkü onlar kendisinde ihtilafın olmadığı İlahî vahye tabi olurlar. Allah'ın vahyinde hiçbir çelişki yoktur.

"Eğer o, Allah'tan başkası tarafından gelmiş olsaydı onda birçok tutarsızlık bulurlardı." (Nisa, 4/82).

Bu nedenle ehli sünnet imamları hak üzere yürüyor ve hak üzere birleşiyorlardı. Onların dalalet üzere bir araya gelmeleri mümkün değildir. Çünkü onlar Kur'an'ın indirilmesine şahitlik eden, anlamını vasıtasız olarak Resulullah *(sallallahu aleyhi ve sellem)*'den öğrenen, dosdoğru yolda yürüyen sahabe, onlara tabi olan seçkin tabiin, ehli hadis ve nesiller boyunca onlara tabi olan fakihler ve onlara uyan halktır. (Allah'ın rahmeti onların üzerine olsun).

İttifak ve birlik, ehli sünnetin özelliğinden olduğu gibi ihtilaf, ayrılık ve tekfir de bidat ehlinin özelliklerindendir. Ehli sünnet'in "cemaat" olarak isimlendirilmesinin nedeni de budur. Çünkü onlar birbirlerini tekfir etmezler, aralarında birbirlerinden tebrie ve birbirlerinin tekfirini gerektirecek kadar ihtilaf yoktur. Hak üzere müttefiktirler. Cenabı Hakk, hakkı ve ehlini korur. Harici, Rafizi, Kaderi gibi bidatçiler ise sürekli bir ihtilaf ve buğz içindedirler. Hatta bir mecliste bir araya gelen bidatçi yedi firka meclisten birbirlerini tekfir ederek ayrılmışlardır.[65] Çünkü onlar çoğunlukla dinlerini asli kaynaklarından değil de, kendi akıl ve görüşlerinden almaktadırlar. Bu da tabi olarak ayrılık ve ihtilaf doğurmaktadır. İmam Ahmed bidatçileri şöyle tanımlamıştır: "Kitab'da ayrılık üzeredirler ve Kitab'a aykırıdırlar. Kitab'a aykırılık hususunda ise müttefiktirler. Allah ve Kitab konusunda bilgileri olmadan konuşurlar. Müteşabih meseleler üzerinde konuşarak insanlardan cahil olanları aldatırlar. Saptırıcıların fitnesinden Allah'a sığınırız."[66]

İmamların İtikatleri Kıyamete Kadar Var Olacaktır:

İmamların Peygamber *(sallallahu aleyhi ve sellem)*'den alarak üzerinde birleştikleri itikatları korunmuştur. Çünkü Allah bu itikadın kaynağını koruma altına aldı:

"Kur'an'ı kesinlikle biz indirdik; elbette onu yine biz koruyacağız."

Kıyamet saatine kadar bu itikad üzere kalan müminler bulunacak ve onlar atom savaşı, büyük felaketler gibi toplu ölümlerle yok olmayacaklardır. Peygamber *(sallallahu aleyhi ve sellem)* ümmetini bu hususta müjdelemiştir:

"Dönekler ve muhalifleri onlara zarar vermeksizin bu ümmetten bir taife kıyamet gününe kadar var olmaya devam edecektir."[67]. Peygamber *(sallallahu aleyhi ve sellem)* ayrıca her yüzyılın başında bu ümmetin dinini yenileyecek müceddidler geleceğini müjdelemiştir.[68]

Düzeltilmesi Gereken Bazı Hatalı Düşünceler:

İmamların itikad birliği hakkında mutlaka düzeltilmesi gereken bazı hatalı düşünceler oluşmuştur ki bunları şöyle sıralayabiliriz:

1) Bazı insanlar fıkhî mezheblerdeki çeşitliliğin, itikadda çeşitlilik gerektirdiğini tevehhüm ettiler. İbn Teymiyye'ye yöneltilen bir sorudan bu vehmin eskilere dayandığını anlıyoruz. Adamın birisi sorduğu bir soruda Şeyhu'l İslam'dan itikadı kendisine Şafii mezhebine göre anlatmasını taleb etmiştir. Şeyh ona şöyle cevap verdi: Bu konuda Şafii'nin mezhebi diğer imamların mezhebleri ile aynıdır. İmamların mezhebleri ise sahabe ve ihsan üzere onlara tabii olan tabiinin mezhebidir ki onlar da mezheblerini Kitab ve Sünnet'ten almışlardır.

Bir munazara esnasında Şeyhu'l İslam'a "Sen İmam Ahmed'in itikadını tasnif ediyorsun ..." diyenlere şöyle cevap vermiştir:

"Bu, imamlar ve ümmetin selefinin Peygamber *(sallallahu aleyhi ve sellem)*'den aldıkları 'Muhammed *(sallallahu aleyhi ve sellem)*'in akidesidir'[69]

Mesele sadece bir kısım avamın zannından öte bir hal almış ve günümüzde bunun için cemiyetler kurulmuş, kitap ve makaleler neşredilmiştir. Mesela, Mısır'da amacı altı mezhebi yani Hanefi, Maliki, Şafii, Hanbeli, Zeydi ve İsna Aşera mezheblerini birbirlerine yakınlaştırmak olan *"Daru't Takrib"* cemiyeti kurulmuştur. Bu cemiyet, ehli süretin dört fıkhi mezhebi ile diğer iki bidatçi mezhebi birbiriyle eşit tutmaktadır. Bu, fıkhi mezhebler arasında olmayan ihtilaf fitilini tutuşturmak ve bidatçi fırkalarla arasındaki usuli-itikadi ayrılıkları sanki basit birer fıkhi ihtilaflarmış gibi göstermek cihetiyle büyük bir hatadır. Onlara göre Hanbeli ve Şafii mezhebleri arasındaki ihtilaf, Rafize ile olan ihtilaf gibidir. Yani ictihadi meselelerdeki ihtilafları itikad usulündeki

---

[65] el-Fark Beyne'l Fırak: 2/361.

[66] er-Red alel Cehmiyye: sh. 52.

[67] Sahihu'l Buharo, (Feth ile): 13/293.

[68] Ebu Davud: 11/385-386.

[69] Fetava, 3/170.

ihtilaflara aynı tutmaktadırlar. Bu, Rafizilerin itikatlarını kabul anlamına gelir ki her bakımdan çok sakıncalıdır. Hatta Rafiziliğe aldanmış insanların, hakkı araştırma ve bulma fırsatı önündeki kapıları kapatmaktır. Yani ehli sünnetin kendi bozuk itikatlarını tasdik ettiğini gören bir Rafizi'nin artık hakkı ehli sünnet içinde araştırmasına gerek kalmamış olur. Böyle bir insan akıl ve fıtrata ters olan Rafizi inançlarını tamamen kabullenmek ile, İslam'ı tamamen red arasında bir seçim yapmak zorunda kalır.

Takrib Cemiyeti'nin kuruluş tüzüğünün ikinci maddesi şöyledir:

"Cemiyet'in amacı; İslamî mezhebler ve 'İslami taifeler' arasındaki kesinlikle iman edilmesi gereken akaidî konularda olmayan, görüş ayrılıklarını birbirine yakınlaştırmaktır."[70]

Görüldüğü gibi İslam mezhebleri, İslam taifeleri olarak tefsir edilmiştir. Oysaki taife kavramı Mutezile, Şia ve Hariciler gibi akımlar için kullanılır. Dört fıkhî mezheb ile bu taifeler arasında büyük fark vardır. Bu cemiyet yayınladığı tüm broşür ve kitaplarda sünni dört fıkhî mezheb ile bu taifelerin aynı olduğuna dair yanlış düşüncesini yaymaya çalışmaktır. Bu işin hakikatı şudur: itikaları aynı olan tek bir ehli sünnet mezhebi ile birbirleriyle çelişen çeşitli şii mezhebleri vardır.

Sonra, Takrib Cemiyeti'nin iddia ettiği gibi, Şia'nın kendisi dışında başka bir mezheble yakınlaşması gereği gibi, ehli sünnetin hidayet rehberi imamlarından miras kalan fıkhî mezheblerin birbirine yakınlaştırılması ihtiyacı var mıdır?

Dört fıkhî mezhebin imamlarının Kitab, Sünnet, İcma ve Kıyas ile amel ederek dine hizmet eden aynı ailenin fertleri olduklarını göz önüne aldığımız zaman, zaten birbirine yakın olan bu mezhebleri birbirine yakınlaştırmaya çalışmak, tahsili hasıl nevinden beyhude bir davranıştır.

Ehli sünnet ile Şia arasındaki ihtilafların akaidî olmadığı görüşü de vakıaya uygun değildir. Çünkü Rafiziler oniki imamlarının imametlerine inanmayanları tekfir etmektedirler. Bu demektir ki Rafizilere göre Ehli Sünnet itikadı aslında onlara muhaliftir. Sonra Şia'nın Allah'ın kitabı ve Resulullah *(sallallahu aleyhi ve sellem)*'in sünnetine karşı tavırları itikadî bir konu değil midir?

Ehli Sünnet ve Şia arasındaki ihtilafın akaidi olmadığı iddiası, Şeyh Reşid Rıza'nın da dediği gibi sadece Ehli Sünnete zarar vermektedir.[71] Çünkü bu, Ehli sünnet'in Şia'nın din ve akideye muhalif tüm aşırılıklarını kabullenmesi anlamına gelir.

2) Bazı insanlar İmamların sözlerindeki bazı ihtilafların ayrılık ve kavgayı gerektirdiği vehmine kapıldılar. Oysa ihtilaf iki türlüdür:

a) Çeşitlilik İhtilafı: Gerçekte ihtilaf bile değil, bir olan hakkın değişik yönleriyle ifade edilmesidir. İlim ehlinin temyiz edebildiği bu kabil ihtilaflara şu örnekleri verebiliriz:

-Metinlerin açıklanmasında lafız ve ibaredeki ihtilaflar.

-Çeşitler ve sıfatların zikredilmesindeki ihtilaflar.

-İtibarat hususundaki ihtilaflar.

Tüm bunlar ve ictihadi meselelerindeki ihtilaflar tenevvu (çeşitlilik) kabilinden ihtilaflardır.

b) Zıdlar veya tenakuz ihtilafı: Biri hak diğeri batıl birbirine zıd iki ayrı sözdür.[72]

3) Bazı insanlar, mezheb mensuplarının imamlarına nisbet ettikleri birtakım sözlerden delil getirme yoluna gitmektedirler. Müslümanların saflarında fitne çıkarmak isteyen bidatçiler bu yola sıkça başvurmuşlardır. Fakat kendisini Hanefi veya Şafii diye tanıtan herkesin her söylediği dinde delil olamaz. Furu'da imamlara uyup da usulde başka görüşlere tabi olan birçok insan vardır. Meselan bazı Keramiye'nin Hanefi mezhebinden olması, İmam Ahmed'in mezhebinden bazılarının Haşeviye ve Mücessime görüşlerine tabi olmaları ve 7. yy. daki bazı Kürtlerin Şafii mezhebinden oldukları halde Mücessime itikadını benimsedikleri birer vakıadır.[73] Hatta Malikiler içinde de bazı Muattıla'nın bulunduğu bilinmektedir. Sünnet İmamlardan birisinin mezhebine uymakla değil, Kur'an ve Sünnet'e uymakla gerçekleşir. Kim, Kur'an, Sünnet ve İcma'ya tabi oluyorsa o, imamlardan birisine uymasa da, ehli sünnet ve'l cemaattendir.

İman bir dilek ve temenni değil, kalpte yer eden ve amel ile doğrulanan şeydir.

Hile Ve Oyun:

Bu hususta perde arkasından birçok hile ve oyunlar sergilenmektedir. ki bunların batıl hedeflerinin deşifre edilmesi gerekir. Ümmeti bölmek ve sünnetten uzaklaştırmak için ehli sünnet itikadına yönelik eskiden beri süren batini bir oyun mevcuttur. Ehli sünnete müntesib görünen bazı cahil ve gafil kimseler de kimi zamanlar bilerek veya bilmeyerek bu oyuna alet olmuşlardır. Hatta bu kimselerden bir zat 'Mezhebsiz İslam'[74] adında bir

---

[70] Risaletu'l İslam: 14/151. Bu dergi Takrib Cemiyeti'nin gırışleri doğrultusunda yayın yapmaktaydı.

[71] Mecelletь'l Menar: 9/433.

[72] Ayrıntı için Bkz. Mecmuu'l Fetava 6/58. Şerhu't Tahaviye, 610.

[73] Fetava, 3/197.

[74] Bu kitabın yazarı meşhur arab edebiyat hocası Mustafa Zeka'dır. Mezheblerden arındırılmış bir İslam fikrini benimsedi ve ihtisası dışına çıkarak sız konusu kitabı yazdı. Kitabında

kitab yazarak ehli sünnet'in fıkhî mezhebleriyle kafir İsmailiye mezheblerini bir arada değerlendirmiştir. Diğer meşhur bir şahıs da aynen dört mezhebe uymak gibi şia mezheblerine uymanın da caiz olduğuna dair fetva vermiştir.[75]

Hatta bazı bidatçi ve batini guruplar Ehli sünnetin dört fıkhî mezhebine intisab ederek, sapık fikirlerini yaymak için kendilerine daha daha elverişli ortamlar oluşturmuşlar ve imamlara kendi sapık eğilimlerini teyid anlamına gelecek birtakım sözler nisbet etmekten dahi geri durmamışlardır.[76]

Bu bidatçilerden bazıları bu mezheblerin fıkhı ile ilgili kitablar yazarak, hadisleri reddedip bunun yerine kıyasıya amel, fuhşun bazı çeşitlerine cevaz gibi rezil fikirleri sanki o mezhebin görüşüymüş imiş gibi yaymaya çalışırlar. Tuhfe-isna Aşeriyye kitabının yazarı 'Muhtasar' isimli bir kitab yazarak bunu İmam Malik'e isnad ettiklerini itiraf etmiştir. Bu kitabta İmam Malik'in adını karalamak için köle ile livatanın caiz olduğunu yazmıştır.[77]

Bunlardan Süleyman el-Hanefî en-Nakşibendî Peygamber (sallallahu aleyhi ve sellem)'in "Bu din, hepsi Kureyş'ten gelecek olan on iki halifeye kadar aziz ve güçlü olacaktır." hadisini[78] Şia akidesine uygun bir şekilde açıklamıştır. Bu nedenle çağımız şiilerinden Muhammed Hasan ez-Zeyn 'eş-Şia fit-Tarih'[79] isimli kitabında Şii itikadını zahiren Hanefî ve Sünnî olan bu şahsın görüşleri ile teyid etmiştir. Fakat gerçek şu ki Ehli Sünnet'in bu açıklamalarla hiçbir ilgisi yoktur. Bu, bir diğer Şii Mustafa Kamil eş-Şeybî'nin de ifade ettiği gibi Şia eğilimli tasavvufçuların görüşüdür ki, Nakşibendiyye tarikatı da onlardandır.[80] Müellifin Hanefî sıfatına aldanmamak gerekir.

Ayrıca bu hadisin, Şia'nın on iki imam inancıyla hiçbir ilgisi yoktur.[81] Dört mezhebden birine bağlı görünerek ortaya gerçek inancını teyid edecek fikirler atıp bu yolla batıl taifelerine hizmet edenlerin sayısı az değildir. Şeyh Muhammed Ebu Zehra'nın tesbitine göre Necmüddin et-Tuffi (v. 716 h.) de maslahatın nassa mukaddem olduğu konusundaki iddialarıyla aslında aynı görüşteki Şia'nın propagandasını yapmayı hedeflemiştir. Çünkü Şia'ya göre Rasulullah (sallallahu aleyhi ve sellem)'in vefatından sonra, imam nassı ibtal veya nesh edebilir. Ebu Zehra'nın da dediği gibi Tuffi, imam kelimesini anmadan Şiilerin bu konudeki fikirlerini aynen sahiplenmiş ve nassın nesh veya maslahatı mürsele ile tahsisi fikrini öne sürerek, İslam Cemmati'nin Şari'nin naslarına verdikleri kudsiyeti hafife alarak izale etmeye çalışmıştır."[82]

Bazen de meşhur sünnî imamları ile kendi önderleri arsındaki isim, lakab ve künye benzerliğini kullanarak, kendi önderlerinin sözlerini sünnî imamlara nisbet ederler. İşin hakikatını bilmeyenler Kur'an ve Sünnet'e aykırı bu sözlerin gerçekten İslam İmamlarına ait olduğunu sanırlar. Oysaki gerçekte bu sözler Rafizi şeyhlerine aittir. Rafizilerin isim, künye ve lakab benzerliklerini insanları dinde aldatmak için kullandıklarını ilk farkedenlerden birisi İmam ed-Dehlevî ve arkadaşlarıdır. Bunlar şöyle dediler. "Rafizlerin hilelerinden birisi de: İsmen sünnî imamlara benzeyen kendi adamlarının uydurdukları hadisleri, imamlara nisbet etmektir. Ehli Sünnet'ten durumun farkında olmayanlar ismi geçen şahsın kendi imamlarından birisi olduğunu zannetmekte ve böylece bu rivayeti kabul etmektedirler. Mesela; iki tane Süddî vardır. Bir tanesi Büyük Süddî, diğeri de küçük Süddî'dir. Büyüğü Ehli Sünnet'in sika imamlarından[83], küçüğü ise hadis uydurmakla meşhur aşırı Rafizilerdendir.[84]

---

amacının İslam birliğini sağlamak olarak ifade etti. Fakat İslam ile hiçbir ilgisi olmayan İsmailiye, Kadyaniye, Nusayriyye gibi ulamanın küfürlerinde ittifak ettikleri sapık akımları da İslam mezheblerinden kabul etmek gibi büyük bir hata işledi. Fakat daha sonra kitabının beşinci baskısında, Dürzülerin gerçek inançlarına vakıf olduktan sonra bu baskıda onlara yer vermedi. Öyle inanıyoruz ve temenni ediyoruz ki gerçek yüzlerini öğrendikten sonra diğer sapık akımları da kitabından çıkaracaktır.

[75] Bu fetvanın sahibi meşhur alim Şeyh Şeltut'dir. Şiiler bugün dahi bu fetvayı milyonlarca adet bastırarak her yere dağıtıyorlar. Fakat ben 'takrib Meselesi' isimli kitabımda da açıkladığım gibi Şeyh Şeltut diğer kitaplarında bu fetvaya aykırı gürüşler beyan etmiştir. Şeyh Abdurrazzak el-Afifi'nin dediğine güre Şeyh Şeltut kolay aldanan bir şahısmış. Her halde Şiilerin takiye ve tatlı dillerine aldanmıştır.

[76] Minhacu's Sünne: 2/179.

[77] Tuhfe: sh. 45.

[78] Müslim, Kitabu'l İmara.

[79] eş-Şia fi't Tarih: sh.118

[80] es-Sıla beyne't Tasavvuf ve't-Teşeyyu, sh. 110.

[81] Minhacu's Sünne, 4/206.

[82] Ebu Zehra'nın İbn Hanbel isimli eseri, sh. 326.

[83] İsmail b. Abdirrahman es-Süddo, Hicazo, tabiinden. Küfe'de oturdu. Müslim ve Sünen Ashabı ondan hadis rivayet etmişlerdir. H. 127 yılında vefat etti. Bkz. el-Hulasa, sh. 35.

[84] Muhammed b. Mervan b. Abdillah b. İsmail el-Küfo. Hadis uydurmakla meşhurdur. Bkz. el-Cerh ve't Tadil: 8/86. El-Hulasa: 358.

Aynı şekilde iki tane İbn Kuteybe vardır. Bir tanesi aşırı Rafizi Abdullah b. Kuteybe, diğeri ise ehli sünnet imamlarından Abdullah b. Müslim b. Kuteybe'dir.[85] Sünni İbn Kuteybe 'el-Maarif' isimli bir kitab yazmasından sonra bu Rafizi de insanları saptırmak amacıyla aynı isimde bir kitap yazmıştır.[86]

Şiilerin bu şekilde isim benzerliklerin suistimal etmeleri birçok ehli sünnet alimi gibi büyük imam Muhammed b. Cerir et-Taberî'yi de derinden yaralamıştır. Şöyle ki O'nunla aynı zaman ve aynı beldede yaşayan Muhammed b. Cerir b. Rüstem et-Taberî isimli bir Şiî, bu isimle Şiiliği teyid eden bazı kitaplar yayınladı. Bu isimle sadece İmam İbn Cerir'i tanıyan halk ve hatta bazı alimler bu kitapları onun yazdığını sanarak ona karşı cephe aldılar. Öyle ki İmam İbn Cerir vefat ettiği zaman halkın tepkisinden korkularak gece evine gömülmüştür."[87]

İşte imam İbn Cerir bu olaydan böylesine çok eziyet görmüştür. Bu nedenle İbn Kesir şöyle dedi: "O'nu Rafizilik ve hatta bazı cahiller de ilhad ile suçladılar, ki o bu iftiralardan beridir. Bilakis O, Allah'ın kitabı ve Resulü'nün sünnetini ilim ve amel olarak bilip yaşayan en büyük İslam alimlerinden birisidir."[88]

Şiiler İmam İbn Cerir'e ayaklara meshin cevazı ve ayrıca iki ciltlik bir hadis kitabı isnat etmişlerdir.[89] İbn Cerir'e isnat edilen Şia kaynaklı bir diğer kitap da 'el-Müsterşid fi'l İmame' isimli kitaptır.[90]

İbn Kesir bu gizli oyuna dikkat çekerek şöyle dedi: "Bazı alimler biri İmam İbn Cerir, diğeri de Şii İbn Cerir olmak üzere iki ayrı şahsın bulunduğunu ve söz konusu kitapların Şii olana ait olduğunu söylediler."[91]

İbn Kesir'in işaret ettiği bu hususun kesin bir hakikat olduğu, bugün artık ayan beyan açığa çıkmıştır.

Şia kaynakları Muhammed b. Cerir b. Rüstem b. Cerir et-Taberî Ebu Cafer'in H 310 yılında Bağdad'da vefat eden imamiye alimlerinden olduğunu yazmaktadır.(İmam İbn Cerir de aynı tarih de vefat etmiştir.) Bu Şii'nin 'el- Müsterşid fi'l İmame' ve 'Nuru'l Mucizat fi Menakibil Eimme İsna Aşere' gibi kitapları vardır.[92]

Ebu Cafer et-Taberî denilen bir başka Şii daha vardır ki o da aynı hileli yola başvurmuştur.[93]

6 yüzyılda Şia'nın önderliğini yapan, Muhammed b. Ebi'l Kasım b. Ali Et-Taberî denilen bir diğer şahıs ise İslam ümmetini tekfir etmiştir. Şöyle diyor: Kim Ali'nin Ebu Bekre karşı üstünlüğünden şüphe ederse, müslüman görünse ve üzerinde İslam ahkamı cari olsa dahi, o kimsenin hakkında küfür ile hüküm verilir."[94]

Bazıları[95] bunun ile bir önceki Rafizi'yi birbirlerine karıştırmışlardır fakat aralarında iki yüzyıl zaman farkı vardır.

Şiilerin bir benzer hileleri de Sünni imam İbn Kuteybe'ye yöneliktir. Şii İbn Kuteybe'nin yazdığı 'el-İmame ve's Siyase' adlı kitabı meşhur sünni alim İbn Kuteybe'ye nisbet etmişlerdir ki bu durum birçok kişiye gizli kalmıştır. Öyle ki sünni bir alimin kitabında şiileri destekleyici görüşler beyan etmesi, birçok araştırmacıyı hayretlere sevketmiş, bundan dolayı da müellifin gerçek kişiliğini araştırmışlar, fakat net bir bilgiye ulaşamamışlardır.[96]

Kitapta sahabeye yöneltilen suçlamalar ve Ali'nin, Ebu Bekr'in hilafetini raddettiği yolundaki açık şia taraftarlığına rağmen, bazı araştırmacılar bu hileleri dikkate almayarak kitabın yazarının Malikî olduğunu söylemişlerdir.[97] İşte Şia'nın bu hilesini ilk keşfedenlerden biri de, onları yakından tanıyan ve onların yahudilerden daha hilekar olduklarını söyleyen Tuhfetu İsna Aşeriyye kitabının yazarı Allame ed- Dehlevî olmuştur.

İmamlara yönelik bir diğer iftira da, hiçbir delile dayanmaksızın sadece hasımlarının dedikodularından hareketle, imamların bazı konularda sünnet ve cemaatten ayrıldıkları iddiasıdır. Bu şekilde birçok imama nice iftiralar atılmıştır. İmamların İmamı Peygamber *(sallallahu aleyhi ve sellem)*'e iftira atılır da tabiilerine atılmaz mı?

Son çağlarda en çok iftiraya maruz kalan imamlardan biri de İmam Muhammed b. Abdulvahhab *(radiyallahu anh)*'dır. İmam'ın yöneltilen iftiraları bildikten sonra, O'nun yazdığı kitapları inceleyenler, iftiraların ne denli büyük olduğunu görürler. Davetinin hakikatini bilmeden dedikodulardan yola çıkarak İmam'ı şiddetle eleştiren bir hocaya, İmam'ın hakikatını bilen bir öğrencisi, bir gün İmam'ın 'Tevhid' isimli kitabından imamın ismini sildikten sonra onu hocasına gösterir. Hoca yazarını bilmediği bu kitabı okur ve çok beğenir. Bunun üzerine zeki

---

[85] Ebu Muhammed Abdullah b. Müslim b. Kuteybe, H. 276 yılında Bağdad'da vefat etti. Birçok eserlerinden bazıları bunlardır: Tevilu Muhtelifi'l Hadis, El-Maarif, Müşkilu'l Kur'an...

[86] Bkz: Muhtasaru't Tuhfe sh. 32.

[87] el-Bidaye ve'n Nihaye: 11/146.

[88] el-Bidaye ve'n Nihaye: 11/146.

[89] el-Bidaye ve'n Nihaye: 11/147.

[90] Bkz. el-Fihrist (İbn Nedim) sh. 3335.

[91] el-Bidaye ve'n Nihaye, 11/147.

[92] Bkz: Tenfihu'l Makal:2/91, Mukaddimet'l Bihar: 1/177.

[93] İsim benzerliğinden dolayı Medine gazetesi 4621. Sayısında ona ait bir makale yayınlamıştır.

[94] Bişaret'l Mustafa, sh. 51.

[95] Prof. Fuad Sezgin, Kültür Tarihi isimli eserinde: 2/260.

[96] Abdullah Useylan, el-İmame ve's Siyase: sh. 20

[97] Abdullah Useylan, el-İmame ve's Siyase: sh. 20

talebesi bu kitabın, onun sürekli eleştirdiği Şeyh Muhammed b. Abdulvahhab'a ait oluğunu söyler. Hoca mahcup olur hatalı olduğunu anlayıp, gerçeği görür.

Bir ziyaretim sırasında Malezya'lı bir hakim bana şöyle dedi: 'Siz ülkenizde Vahhabî itikadını okutuyorsunuz. Ben de ona şöyle karşılık verdim: 'Suudi Arabistan'da yaygın olan fıkhî mezheb Hanbelî mezhebidir. İtikadda esas aldığımız temel eser ise Hanefi alimi Ebu Cafer et-Tahavî'nin 'Akidetü't Tahaviye'si ve yine Hanefî bir alim olan İmam Ali b. Ali b. Ebi'l İzz'in bu kitaba yazdığı şerhdir.' Görüldüğü gibi bu kitabın yazarı ve açıklayıcısının ikisi de fıkıhta Hanefi mezhebine mensupturlar, fakat itikaden hepsi aynı ailenin değişik fertleridirler. İmam Ahmed'in İmam Ebu Hanife'den veya diğer imamlardan hiçbir farkı yoktur. Çünkü kaynak ve meşrebler aynıdır. Aynı şekilde İmam Muhammed b. Abdulvahhab'ın da onlardan hiçbir farkı yoktur.

Eğer bu imamlardan bize Allah ve Resulü'nün sözlerine aykırı sözler gelmiş olsaydı, hiç durmaz o sözleri alıp duvara çarpar, Allah ve Resulü'nün sözlerine uyardık. Aksi taktirde Allah'ın gazap ve cezasına uğrarız.

İmamların kendi eserlerine başvurulduğunda onlara karşı yürütülen hile ve desiselerin farkına varılacaktır.

Bir gün 'el-Ezher Dergisi' genel yayın yönetmeni Abdulcelil Çelebi'yi ziyaret etmiştim. Bana şöyle dedi: Sana tavsiyem, hiçbir görüş ve mezheb hakkında asli kaynaklarını incelemeden fikir beyan etme. Ben daha önce Muhammed b. Abdulvahhab hakkında pek iyi düşünmüyordum. Ancak ne zaman ki yazdığı kitapları okudum, işte o zaman işin gerçeğini öğrenmiş oldum'. Bidatçiler imamlar ve mezhebleri hakkında her dönemde yalan ve iftiralar düzmekten geri durmamışlardır. Fakat bunların yalan olduğu, imamların kendi asli kaynaklarına başvurulduğu zaman hemen anlaşılır.[98]

Kendi inançlarını yansıtan eserler yazıp sonra bunu Sünnî alimlere nisbet etmek Batinîlerin ve Rafizîlerin öteden beri başvurdukları hilelerdendir. İmam Şevkanî 'el-Fevaidu'l Mecmua' isimli eserinde bu hususa dikkat çekmiştir.

Aynı noktaya dikkat çekenlerden biri de, Tuhfe'nin yazarıdır. Şiilerin içinde batıl inançların bulunduğu 'Sırru'l Alemin' ismindeki bir kitabı İmam Ebu Hamid el-Gazalî'ye nisbet ettiklerini, sonrada bu kitaptan ehli sünnete karşı delil getirdiklerini tesbit etmiştir.[99]

Bu kitab H.1314 yılında Bombay, H.1324 ve 1327 yıllarında Kahire ve tarihsiz olarak Tahran'da basılmıştır.[100]

Dr. Abdurrahman Bedevî bazı müsteşriklerle beraber kendisinin de bu kitabın Gazalî'ye ait görüşünde olduğunu bildirmektedir.[101] Çünkü kitabın 82. Sahifesinde yazar el-Mearrî'nin sohbetlerine katıldığından bahsetmektedir. Fakat bu doğru değildir. Çünkü Mearrî 448'de vefat ederken, Gazalî 450 yılında doğmuştur. Dolayısıyla onun sohbetlerine katılması mümkün değildir.[102]

Süveydî, batıl görüşleri içeren daha başka birçok kitabın bu yolla ehli sünnet alimlerine nisbet edildiğini söyler. Ki bunu ancak ilimde ince zevk sahibi olanlar farkedebilirler.[103]

Bidat eklinin bir diğer hilesi de, ümmeti bölmek amacıyla bidatlerini teyid anlamında birtakım sözler uydurarak onları imamlara nisbet etmeleridir. Alusi'nin, zamanının bir tanesi, en büyük alimi dediği Hoca Nasrullah el-Hindî olarak meşhur Şeyh Muhammed, Rafizilerin bu hilelerine şöyle dikkat çekiyor: "Hiç var olmayan birtakım kitap isimleri vererek oradan sahabeyi yerici ve Şia'yı övücü ibareler naklederler. Bazen de ehli sünnetçe muteber kitapların isimlerini vererek, o kitaplarda asla bulunmayan, kendi uydurdukları cümleleri naklederler.[104] Ve şöyle diyor: "Keşfu'l Ğumme" isimli eserinde Erdebilî sıksık bu hileli yollara başvurmaktadır."

Bir diğer hileleri de şudur: Ehli sünnet görünümünde kitaplar yazarak içine hendi inançlarını teyid eden cümleler serpiştirirler. İmam ed- Dehlevî şöyle diyor: "Rafizilerin başvurdukları bir diğer hile de şudur: İçinde sahih hadislere de yer verdikleri kitaplar yazarlar ve bu kitaplarda 'Dört Halife'den de övgüyle bahsederler. Sonra dördüncü halife Ali (radiyallahu anh)'den bahsederlerken diğer halifelerden öyle olumsuz bir şekilde bahsederler ki okuyucu şaşırıp kalır ve ehli sünnetin de ilk üç halife hakkında bazı iddiaları kabul ettiğini sanır.[105]

Bir diğer hileleri de şudur: Sahih birtakım hadislere veya imamların muteber sözlerine kendi inançları doğrultusuna eklemeler yaparlar. Mesela; Resulullah (sallallahu aleyhi ve sellem)'in Tebük harbinde Ali'yi Medine'ye halife bırakması olayına şu eklemeyi yapmışlardır: (Sen Medine'de halife olmadıkça benim gitmem mümkün değildir).[106] Oysa sahih hadisler ve tarihen sabittir ki Resulullah Tebuk'den önce ve sonra birçok gazvede Ali'yi Medine'de halife bırakmamış bilakis, yanında cihada götürmüştür.

Bidatçilerin gizli hilelerinden biri de hayali hadis ve metinler uydurarak bunları muteber kitaplardan aldıklarını iddia etmeleridir.

---

[98] Dr. Abdulaziz b. Abdillatif'in Davetu'l Mьnaviin... isimli eserine bkz.

[99] Muhtasaru't-Tuhfe, sh. 33.

[100] Abdurrahman Bedevo, 'Mьellifatu'l Gazalo' sh.225.

[101] Abdurrahman Bedevo, 'Mьellifatu'l Gazalo' sh 271.

[102] Abdurrahman Bedevo, 'Mьellifatu'l Gazalo' sh 271.

[103] 'Nakdu Akaidu'ş Şia. Sh.25.

[104] Muhtasaru's Savakı i: sh.51

[105] Bakınız: Minhacu'l Kerame, Rafizi İbn Mutahher el-Hıllo, sh. 133.

[106] Bkz. Minhac's Sьnne: 3/907, 3/16, 4/94.

Buna örnek olarak İbn Mutahher el-Hıllî'nin "Minhacu'l Kerame" adlı eserini verebiliriz.

İbn Mutahher kitabında ehli sünnetin muteber kaynaklarından alıntılar yapacağını iddia etmesine rağmen, kitabında sahihten çok mevzu hadis ve itimada şayan olmayan kaynaklara yer vermiştir.[107]

Salebî'nin tefsirinden[108] ve Ebu Nuaym'in Hilye'sinden[109] ayrıca Havarizimî, Firdevsî ve Mağazilî'den mevzu hadisleri seçerek almış ve bunların sahih olduklarını iddia etmiştir.

Şeyhu'l İslam İbn Teymiyye Minhac'ının özellikle de son cildinde bu hususa dikkat çekerek bu kitaplardaki yanlışlıkları[110] düzeltmiş ve şöyle demiştir: "Nasıl ki nahiv, kıraat ilminin, dil ilminin ve tıp ilminin erbabı varsa, hadis ilminin de onlardan daha üstün erbabı vardır ve bu konuda onlara müracaat edilmelidir. Onların sıhhatinde ittifak ettikleri hak, zayıflığı ve uydurulduğu konusunda icmaa ettikleri ise batıldır. Üzerinde ihtilaf ettikleri hususlar ise adalet üzere araştırma ve inceleme sahasıdır. Bu ilmin erbabından bazıları şunlardır: Malik, Şube, Evzaî, Leys, İki Süfyan, İki Hammad, İbn Mubarek, Yahya el-Kattan, Abdurrahman b. Mehdî, Vekî, ibn Ilye, Şafii, Abdurrazzak, Feryabî, Ebu Nuaym, Kanebî, Humeydî, Ebu Ubeyd, İbn Medinî, Ahmed, İshak, İbn Muin, Ebu Bekr b. Ebi Şeybe, Zühlî, Buharî, Ebu Züra, Ebu Hatim, Ebu Davud, Müslim, Musa b. Harun, Nesaî, İbn Huzeyme, Ebu Ahmed b. Adiy, İbn Hibban, Darakutni ve daha birçok ilim, nakil, rical, cerh ve tadil alimi."

Buradan hareketle, ehli tarafından tevsik edilmedikçe Rafizî, Batinî ve diğer bidatçilerin ehli sünnet kitaplarından yaptıkları nakillere güvenilemeyeceği açıkça ortadadır.

İmamların İtikatlarından Bazı Cümleler –ki Eberleri İttifaklarına Tanıklık Etmektedir-

İmam Esfehanî *(radiyallahu anh)* şöyle dedi: "Muhtelif zaman ve mekanlarda yaşamış ehli sünnet alimlerinin itikad üzerine yazdıkları eserler incelenecek olursa göülecekir ki bu kitapların üslupları, konuları, sözleri, yaptıkları alıntılar tamamen aynıdır ve az dahi olsa kesinlikle aralarında hiçbir fark yoktur. Bunların tamamı sanki tek bir kalemden çıkmış gibidir."[111]

Şeyhu'l İslam Ebu İsmail es-Sabunî'de "Akidetu's-Selef" isimli eserinde imamların itikatlarıyla ilgili bazı cümleler zikrettikten sonra şöyle dedi: "Naklettiğim bu cümleler tüm imamların itikatlarıdır ve bu konuda aralarında en küçük bir ayrılık yoktur."[112]

İmam el-Lalkaî imamların itikad konusundaki sözlerini şu uzun başlık altında derledi: "Siyak ma ruviye ani'l masur an's selef...." Bu başlık altında şu imamlaein itikatlarını zikretti: Sevrî, Evzaî, İbn Uyeyne, Ahmed b. Hanbel, İbn Medinî, Ebu Sevr, Buharî, Ebu Züra, Ebu Hatim, Tisterî, İbn Cerir et-Taberî ki hepsinin itikatları da aynıdır.[113]

Bundan önce de İmam Ebu Cafer et-Tahavî tüm ümmetin takdirini kazanan nefis bir risale yazarak selefin, İmam Ebu Hanife ve öğrencileri Ebu Yusuf Yakub b. İbrahim el-Humeyrî el-Ensarî ile İmam Muhammed b. Hasan eş-Şeybanî'nin itikatlerini beyan etti.[114]

Ebu Hanife ve öğrencilerinin itkatları da selefin itikatlarının aynısıdır. "Usulu'd din konusunda imamlar ittifak halindedirler."[115] Çünkü daha önceden işaret ettiğimiz gibi itikadı aynı kaynaktan almışlardır. İbn Teymiyye'nin de haber verdiği gibi seleften bazıları itikad konusunda varid olan hadis ve eserleri (sahabe sözlerini) derlemişlerdir.[116] Bu işi ilk yapanlardan olan İmam Hammad b. Seleme h. 167 yılında vefat etmiştir.

---

[107] Minhacu'l Kerame, sh.119.

[108] Minhacu'l Kerame, sh. 149, 158, 161, 162.

[109] Minhacu'l Kerame, sh. 150, 155, 160-165.

[110] Örneğin, *"Eğer ikiniz de Allah'a tevbe ederseniz, (yerinde olur). Çünkü kalpleriniz sapmıştı. Ve eğer Peygamber'e karşı birbirinize arka verirseniz bilesiniz ki onun dostu ve yardımcısı Allah, Cebrail ve müminlerin iyileridir. Bunların ardından melekler de (ona) yardımcıdır."* (Tahrim: 66/4) ayeti kerimesindeki 'Müminlerin iyileri' ifadesinden muradın Ali olduğunu söyledi ve şöyle dedi: "Müfessirler müminlerin iyisinin Ali olduğu konusunda icma ettiler." Sonra bazı açıklamalar yaparak bunu Ebu Nuaym'e isnad etti. Minhacu's Sünne'sinde (4/79) İbn Teymiyye bu konuda icmaa bulunduğu yalanını reddederek bu rivayetin mevzu olduğunu bildirdi

Buna şu örnekleri verebiliriz: İbn Teymiyye Salebî hakkında şöyle dedi: "Cumhur ulema Salebî ve benzerlerinin rivayetlerinin hüccet teşkil etmediği hususunda ittifak ettiler... Ancak hadisin sübutunun başka yolla bilinmesi hariç..." (Minhacu's Sünne: 4/25)

"Ebu Nuaym'in Hilye veya Fadailu'l Hülafa'da rivayet ettiklerinin çoğunun batıl ve mevzu rivayetler olduğu hadis ilminden nasibi olan herkesin bildiği bir hususutur. (Minhacu's Sünne: 4/10)

İbn Teymiyye Minhac'ının birçok yerinde Havarizm, Firdevs ve Mağazili'nin durumlarına da değinerek onların yalan ve hadis uydurma ehlinden olduklarını beyan etti. (Minhacu's Sünne: 4/4-5, 38)

"Nesai'nin Ali'nin faziletleri konusundaki bazı hadisleri mevzuudur. Tirmizi'nin de Ali'nin faziletleri konusundaki bazı hadisleri zayıftır. İbn İshak ve benzeri siyer alimlerinin faziletlerle ilgili rivayet ettikleri hadislerin çoğu zayıftır. (Minhacu's Sünne: 4/48).

[111] el-Hucce fi beyani'l Mahacce, 2/224-225.

[112] Akidetu's Selef, sh.111.

[113] Bkz. Şerh Usul İtikad Ehli's Sünne, 1/151.

[114] Şerhu't Tahaviye, 1/13.

[115] Der'u Tearudi'l Akl ve'n Nakl: 2/308.

[116] Bkz. Akidetu Ehli's Sünne: sh.19-20.

Zehebî şöyle dedi: "İbn Ebi Urube ile beraber ilk eser tasnif eden odur."[117]

Ehli Sünnet itikadı konusunda hadis ve eser derleyen diğer bazı imamlar şunlardır:

Abdurrahman b. Mehdî. Vefatı H.198. İmam Şafii O'nun için şöyle dedi: "Dünyada O'nun bir benzerini bilmiyorum". Ali b. El-Medinî de şöyle dedi: "İnsanlardan hadisi en iyi bilen Abdurrahman b. Mehdî'dir".

Bir diğer İmam Abdullah b. Abdirrahman ed-Darimî'dir. Semerkant'da Şeyhu'l İslam, Müsnedu'l Ali ve Tefsir'in sahibi. Müslim, Ebu Davud ve Tirmizî ondan hadis rivayet ettiler. H. 255 yılında vefat etti.[118]

Ve Osman b. Said ed-Darimî: Hafız ve Herat'ın muhaddisi, sika alimlerden. 'er-Red ale'l Cehmiyye, er-Red ala Bişr el-Mürisi ve Müsned'in yazarı. H. 280 yılında vefat etti.[119]

Ebu Bekr Ahmed b. Muhammed b. Hanî: Esrem olarak tanınır. İmam Ahmed'in talebelerinden büyük hafız. Zehebi Onun için şöyle dedi: "Yazdığı kitaplar özelliklede Süneni, imametine ve ilminin genişliğine delalet eder.[120]

Ebu Abdirrahman Abdullah b. Ahmed b. Hanbel: İmam ve hafız. Sünnet kitabının sahibi. H. 290 yılında vefat etti.[121]

Ebu Bekr Ahmed b. Muhammed b. Harun: Hallal olarak meşhurdur. Sünnet ve Camii kitaplarının yazarıdır. H. 311 yılında vefat etti.[122]

Ebu'l Kasım Süleyman b. Ahmed b. Eyyub b. Mutayyır et-Tabaranî: Mucemu'l Kebir, Mucemu'l Evsat, Mucenu's Sağir, Sünnet, Delilu'n Nübüvve, er-Red ale'l Cehmiyye ve Tefsir kitaplarının sahibi. H. 360 yılında vefat etti.[123]

Ebu Muhammed Abdullah b. Muhammed: Ebu Şeyh el-Esbahanî olarak bilinir. Hafız, imam, sika, muhaddis ve meşhur müfessir. 'el-Izze' kitabının ve başka eserlerin sahibi. H.369 yılında vefat etti.[124]

Ebu Bekr Muhammed b. Huseyn el-Acirî: 'eş-Şeria, et-Tasdik bi'n Nazar ile Allahi fi'l Ahire' isimli kitapların yazarı. H.360 yılında vefat etti.[125]

Ebu'l Hasan Ali b. Ömer ed-Darakutnî: İmam, Şeyhu'l İslam, Sünen sahibi meşhur hafız. 'Es-Sıfat, Ehadisu's Sıfat, Ehadisu'n Nuzul, Fadailu's Sahabe ve Menakıbihim, en-Nususu'l Müteallika bi Rüyetil Barii Subhanehu' gibi eserleri vardır. H.385 yılında vefat etti.[126]

Ebu Abdillah Muhammed b. Şeyh: Ebu Yakub İshak b. Hafız. Değişik İslam ülkelerinde 1700 hocadan dersler aldı. Kitaplarından bazıları şunlardır: 'Kitabu't Tevhid ve Marifeti Esmaullahi ve Sıfatihî, ve er-Red ale'l Cehmiyye. H. 395 yılında vefat etti.[127]

Ebu'l Kasım Hibetullah b. Hasan b. Mansur el-Lalkaî: İmam, hafız, fakih ve Bağdad'ın muhaddisi. Sünen kitabının sahibi. H.418 yılında vefat etti.[128]

Ebu Abdillah Ubeydullah b. Muhammed el-Akberî: İbn Batta olarak tanınır. İbanetu'l Kübra ve İbanetu's Suğra'nın sahibidir. H. 387 yılında vefat etti.[129]

Ebu Ömer Ahmed b. Muhammed el-Meafirî: Kurtuba'lı alim. Bidat ve heva ehline karşı şiddetli mücadelesiyle tanınır. Zehebî'nin dediği gibi sünen hafızı ve usulu'd diyane imamı idi. H. 429 yılında vefat etti.[130]

Ebu Nuaym Ahmed b. Abdillah b. Ahmed el-Esbehanî: Büyük hafız ve zamanının muhaddisi. Hilyetu'l Evliya, el-Mutekad, Fadailu's Sahabe, Delailu'n Nübüvve gibi eserlerin sahibi. H.430 yılında vefat etti.[131]

Ebu Zerr Abdullah b. Ahmed b. Muhammed el-Ensarî: İmam, allame ve hafız. 'es-Sünne ve's Sıfat, el-Camii ve Delailu'u Nübüvve' kitaplarının yazarı. H. 434 yılında vefat etti.[132]

Ebu Bekr Ahmed b. Huseyn b. Ali b. Musa el-Beyhakî: İmam, hafız, allame, Horasan Şeyhi Zehebî onun için şöyle dedi: "Daha önce benzeri hiç yazılmamış kitaplar yazdı." Bu kitaplardan bazıları şunlardır: Esma ve's Sıfat, es-Sünenü'l Kübra, es-Sünen ve'l Asar, Şuabu'l İmam, Delailu'n Nübüvve, es-Sünenü's Sağire, el-Ba's ve'l Mü'tekad... H.458 yılında vefat etti.

---

[117] Tezkiretu'l Huffaz: 1/202.

[118] Hayat tercimesi için bkz. Tehzibu't Tehzib: 6/279.

[119] Bkz.Tezkiretu'l Huffaz: 2/354, Tehzibu't Tehzib: 5/294-296.

[120] Tabakatu'ş Şafiiyye: 2/302, Miratu'l Cinan: 2/193.

[121] Tezkiretu'l Huffaz: 2/570-571, Tarihu Bağdad: 5/110-112.

[122] Tabakatu'l Hanabile: 1/180, Tehzibu't-Tehzib: 5/141-143.

[123] Tezkiretu'l-Huffaz: 3/786, el-Bidaye ve'n Nihaye: 11/148.

[124] Vefiyatu'l Ayan: 2/407, Tezkiretu'l Huffaz: 3/912.

[125] Tabakatu'l Huffaz: 3/945, en-Nucumu'z Zahire: 4/136, Tarihu't Turas: 2/326.

[126] Tezkiretu'l Huffaz: 3/396, Tarihu Bağdad: 2/243, Tarihu't Turas: 1/314.

[127] Tarihu Bağdad: 12/34, Tezkiretu'l Huffaz: 3/991, Tarihu't Turas: 1/509.

[128] Tezkiretu'l Huffaz: 3/1031, Lisanu'l Mizan: 5/70-71, Tarihu't Turas: 1/353.

[129] Tarihu'l Bağdad: 14/70-71, Tezkiretu'l Huffaz: 3/1083, Tarihu't Turas: 2/194.

[130] Tabakatu'l Hanabile: 2/134-153, el-Minhecu'l Ahmed: sh. 69-73.

[131] Tezkiretu'l Huffaz: 3/1098, Şuzuratu'z Zeheb: 3/243-244.

[132] Bkz. Tezkiret'l Huffaz: 3/1092, Lisanu'l Mizan: 1/201.

Ve bu alanda eser yazan daha başka birçok imam vardır ki tüm bu kitaplar imamların itikat birliğini ve bu konuda Resuluullah *(sallallahu aleyhi ve sellem)*'in sünnetine itimat ettiklerini gösterir.[133]

İmamların itikatleri mücmelen şöyledir: Allah'a, meleklerine, kitaplarına, peygamberlerine, öldükten sonra dirilmeye, hayrı ve şerriyle kadere iman etmek.

Bunun tafsilatlarını ise yukarıda zikrettiğimiz kaynaklarda bulmak mümkündür. Her bir İmamın şöyle dediği de unutulmamalıdır: "Benim mezhebim sahih hadistir." Fakat teşrif cihetinden burada imamların itikat konusundaki sözlerinden bazı satırlar aktarmayı uygun gördük. Şunu da gözardı etmemeliyiz ki itikat onlardan da değil, bilakis Allah ve Resulünden alınır.

İmamlardan birisi söyle dedi: "İtikat, ne benden ne de benden daha büyüklerinden alınmaz. Bilakis Allah ve Rasulünden alınır. Kur'an'da bulunan, ümmetin selefinin üzerinde ittifak ettikleri ve Buharî, Müslim gibi sahih hadislerde gelen hususlara iman etmek gerekir."[134]

İtikat söz konusu oduğu zaman, imamlar kimseyi Hanbelî veya Maliki mazhebi gibi herhangi bir mezhebe çağırmazlardı. Bir imam şöyle demiştir: Hayatımda şu ana kadar, usulu'd din noktasında insanları kesinlikle Hanbelî veya bir başka mezhebe çağırmadım. Bilakis Ümmetin selefinin üzerinde ittifak ettikleri hususlara çağırdım."[135]

Bazı alimler imamların itikat hususunda söyledikleri sözleri derlemişlerdir. Mesela Hallal Ahmed'in itikad konusundaki sözlerini derlerken, Beyhakî 'Camiu'n Nusus min Kelami'ş Şafii' adlı eserinde İmam Şafii'nin sözlerin topladı.[136] Tahavî ise 'Akidetu't Tahaviye' isimli eserinde İmam Ebu Hanife'nin sözlerine yer vermiştir.

İmam Edu Hanife'nin İtikadı:[137]

İmam Ebu Hanife'nin itikadını nakleden en sağlam kaynak H. 321 yılında vefat eden İmam Tahavî'nin 'Akidetu't Tahaviye' veya 'Beyanu's Sünne' adındaki eseridir.

Burada önemine binaen ümmetin hüsnü kabulüne mazhar olan bu risalenin Şeyh Abdullah b. Hamid tarafından diğer nüshaları ile karşılaştırılarak talik yazılan nüshasını aynen nakledeceğiz.

Yardım Allah'tandır!

Beyanu's Sünne (Sünnet'in Beyanı)
İmam Ebu Cafer Ahmed İbn Muhammed b. Selame et-Tahavi'nin İtikadı:

321 yılında vefat etmiştir. Allah rahmet etsin!

Rahman ve Rahim olan Allah'ın adıyla:

Hamd alemlerin rabbi olan Allah'a mahsustur. En güzel sonuç, her çeşit kötülüklerden sakınan mü'minlerindir. Hayır dualar, Efendimiz Peygamberimiz Muhammed *(sallallahu aleyhi ve sellem)* ve onun bütün aile efradına olsun. İmam ve Hüccetü'l-İslam Ebu Ca'fer at-Tahavi *(radiyallahu anh)* akaid risalesi hakkında şunları söyler:

Bu risale, Ebu Hanife Nu'man b. Sabit el-Kûfi, Ebu Yusuf Yakub b. İbrahim el-Ensari ve Ebu Abdillah Muhammed b. Hasan eş-Şeybani'nin *(radiyallahu anh)* mezhebine; Alemlerin Rabbi Allah'a olan imanları ve yaşadıkları inanç esaslarına uygun olarak Ehli Sünnet ve'l-Cemaatın inançlarının açıklamasından ibarettir.

Allah'ın "Birliği hususunda, yine Allah'ın bizi başarıya ulaştıracağına kesinlikle inanarak deriz ki: Allah Bir'dir ve hiç bir ortağı yoktur.

O'na benzeyen hiç bir şey yoktur.

O'nu aciz bırakacak hiç bir şeyde yoktur.

Ondan başka hiç bir ilah mevcut değildir.

Allah, başlangıcı olmayan Kadim[138] ve sonu gelmeyecek şekilde devamlıdır.

Allah'ın varlığı hiç bir şekilde son bulmaz ve yok olmaz.

Ancak Onun dilediği olur.

Allah'a vehimler ve zanlar ulaşamaz; düşünceler O'nu idrak edemez.

Allah, hiç ölmeyecek olan Hayy (Diri), hiç uyumayan Kayyum dur.

Yarattığı şeylere ihtiyaç duymayan yaratan ve yarattıklarının rızkını güçlüğe düşmeden verendir.

Allah, korkuya kapılmadan öldüren (Mümit) ve hiç bir güçlüğe düşmeden yeniden diriltendir.

---

[133] Bkz. Tezkiret'l Huffaz: 3/1103, Tarihu't Turas: 1/388.

[134] Tezkiret'l Huffaz: 3/1132, Tabakatu'ş Şafiiyye: 4/8-16.

[135] İbn Teymiyye, Mecmuu'l Feteva: 3/161.

[136] Bkz. Levamiu'l Envar: 1/66.

[137] Usulu'd din noktasında Ebu Hanife'nin itikadı diğer imamlardan, iman meselesi hariç, kesinlikle farklı değildir. Tahavî Şarihine göre ise iman meselesindeki ihtilaf da lafzidir. İmam'ın itikadını daha ayrıntısıyla incelemek için Dr. Muhammed el-Humeys'in 'Akidetu İmam Ebu Hanife fi Usuli'd din' isimli değerli eserine bakılabilir.

[138] Musannif (Rahimullah) Kadim yerine Evvel deseydi daha çok isabet etmiş olurdu. Çünkü Cenab-ı Hakk kendisini 'Evvel ve Ahir' olarak tanıtmıştır.

Allah, yarattıklarından önce, sıfatları ile birlikte Kadim idi. Allah'ın sıfatlarından, önce yok iken mahlukatın var olması ile sonradan var olup ilave olunan hiç bir sıfatı yoktur. O sıfatlarıyla ezeli olduğu gibi aynı şekilde bu sıfatları üzere ebedidir.

Allah, mahlukatı yarattıktan bu yana "Halik" ismini beriyyeyi de yaratmasından bu yana "Bari" ismini almış değil. O, bunlardan önce de Halik ve Bari idi.

Allah'ın yaratıcı ve terbiye edici sıfatı vardır. Buna karşılık yaratılmışlık ve büyütülüp terbiye edilmiş anlamı yoktur.

Nitekim Allah, mahlukatı dirilttikten sonra "Muhyi'l-Mevta (ölüleri dirilten) ismini almış değildir. Aynı şekilde bunları ilk defa icad etmesiyle Halik ismini almamış olup O bunlardan önce de ölüleri dirilten ve mahlukatı yaratan idi.

Bütün bunlar, Allah'ın her şeye gücünün yetmesinden, tüm eşyanın Ona muhtaç olmasından ve bu işlerin Allah'a kolay gelmesindendir. Allah hiç bir şeye muhtaç değildir. Allah'ın hiç bir benzeri yoktur. O Semi' ve Basir' dir, her şeyi hakkıyla duyar ve görür.

Allah mahlukatı ezeli ilmine uygun olarak yaratmıştır.

Allah mahlukatın kaderini tayin etmiş, onlar için belli ölçüler koymuştur.

Mahlukatın ecellerini de tayin etmiştir.

Yaratıklar daha yaratılmadan önce, işleyecekleri fiillerden hiç bir şey Allah'a gizli kalmış değildir. Allah, mahlukatı yaratmadan önce onların yapacakları şeyleri kesinlikle bilmektedir.

Bunun üzerine Allah, onların kendisine itaat etmelerini emretti ve O'na karşı günah işlemekten de nehyetti.

Her şey Onun kudreti dilemesi (meşiet) ile meydana gelir. Olup bitenler hakkında ancak Allah'ın meşieti geçerlidir. Allah'ın dilediğinden başka kulların hiç bir iradesi yoktur. Allah'ın insanlar için dilediği olur, dilemediği ise olmaz.

Allah kendisinden bir fazilet olarak, dilediğini doğruya iletir, korur ve afiyet bahşeder; ve yine adaletinin gereği olarak dilediğini yardımından mahrum eder, imtihana tabi tutar ve saptırır.

Bunların tümü, fazileti ve adaleti arasında Allah'ın maişeti dairesinde dönüp dolanır.

Allah, kendisine zıt ve benzer olabilecek şeylerden çok çok yüce ve beridir.

Allah'ın kazasını reddedecek olan hükmünü tehir edecek olan ve emrine üstünlük sağlayacak olan hiç bir kimse yoktur.

Biz bunların tümüne iman ettik ve hepsinin Allah tarafından olduğuna kesinlikle kanaat getirdik

Tevhid konusunda olduğu gibi deriz ki: Muhammed *(sallallahu aleyhi ve sellem)* Allah'ın seçkin kulu, üstün nebisi ve kendisinden razı olduğu Rasulüdür.

Muhammed *(sallallahu aleyhi ve sellem)*, peygamberlerin sonuncusu, müttekilerin imamı, peygamberlerin önderi ve alemlerin Rabbi olan Allah'ın

O'nun peygamberliğinden sonra ortaya atılacak olan her çeşit peygamberlik davası sapıklık ve nefsin arzusuna uymaktan ibarettir.

Muhammed *(sallallahu aleyhi ve sellem)*, cinlerin ve insanların tümüne gönderilmiş olup hak ve hüda, nur ve ziya ile gelen iki cihan peygamberidir.

Kur'an, Allah Taala'nın kelamıdır ve O'ndan nasıl olduğu bilinmeksizin söz olarak çıkmış, Allah bunu peygamberine vahiy olarak indirmiş ve müminler de bu minval üzere tasdik etmişler ve Kur'an'ın, Allah'ın hakiki kelamı olup mecaz olmadığına kesinlikle iman edip kanaat getirmişlerdir.

Kim Kur'an dinler ve dinlediği Kur'an'ın insan sözü olduğunu iddia ederse küfre girmiş olur. Allah bu tür iddia sahibini *"Onu cehenneme atacağım"* diyerek kınamış, ayıplamış ve onu cehennemle tehdit etmiştir. Allah, Kur'an için *"Bu, beşer sözünden başka bir şey değil"* (Müddesir, 74/25) diyeni cehennem ile tehdit edip o kişinin cehennemlik olduğunu bildirince biz anlamış oluyoruz ki, Kur'an, beşerin yaratıcısının sözüdür ve insan sözü Kur'an'a asla benzemez. Kim Alah'ı insanda bulunan sıfat ve anlamda vasfederse mutlaka küfre girmiş olur. Bu gerçeği gören biri ibret alır da artık kafirlerin ileri sürdüğü bu tür sözlerden kaçınır ve neticede anlar ki, Allah Talanın sıfatları var diye insana benzeyecek değildir.

Cennetlik Müminlerin Allah'ı görmesi, Rabbimizin Kur'anda *"O gün Rablerine bakan pırıl pırıl yüzler vardır"* (Kıyamet, 75/23) buyurduğu gibi ihata ve keyfiyet söz konusu olmaksızın haktır. Bu ayetin tefsiri, Allah Teaala'nın murad ettiği ve bildiği şeyden ibarettir. Peygamberden *(sallallahu aleyhi ve sellem)* bu konuda varid olan sahih hadisler gibidir. Bunların manası Peygamber bu hadislerden ne kasdetti ise ondan ibarettir. Bu konuya, görüşlerimizle tevil ederek ve tahminlerimizle zanlarda bulunarak girmeyiz. Çünkü dini konuda selamete eren kimse, Allah (c.c) ve Resulüne *(sallallahu aleyhi ve sellem)* teslim olan ve kendisine karışık gelen hususu o konuyu iyi bilene havale eden kimsedir.

İslamın varlığı ancak teslimiyet ve itaat ile mümkün olur. Öyleyse her kim öğrenilmesi yasak edilen şeyi öğrenmeye meyleder ve anlayışı teslimiyet ile kanaat getirmezse onun bu arzusu kendisini Allah'ın birliğine olan katıksız Tevhid inancından saf bilgi ve sahih imandan alıkoyar.

Bunun üzerine kişi, küfür ile iman, tasdik ile tekzib, ikrar ile inkar arasında vesveseci, dağınık şüpheci bir şekilde ne tasdik eden ne de inkar eden bir yalancı durumuna gelmeden bocalar durur

Bir kimsenin cennetliklerin Allah'ı görmesine dair imanı, ruyetin tahakkukunu vehmetmesi yahut tevil etmesi suretiyle sahih olmaz. Çünki ruyetin ve Allah'a ait mananın tevili, ancak ve ancak tevili terkedip teslimiyete sarılmak suretiyle olur. Peygamberlerin getirdiği dinler de bundan ibarettir. Allah'ın sıfatlarını inkar etmekten ve Allah'ı mahlukatına benzetmekten sakınmayan kimse sapıtır ve tenzih akidesine varamaz. Zira Yüce Rabbimiz Vahdaniyet ve Ferdaniyet sıfatları ile mevsuftur. Mahlukattan Onun sahip olduğu sıfatlara sahip olan hiç bir kimse yoktur.

Allah sınır ve gayelerden[139], erkan, aza ve edavattan beridir. Altı yön, mahlukatı kuşattığı gibi Allah'ı kuşatamaz.

Miraç haktır. Peygamber *(sallallahu aleyhi ve sellem)* gece yolculuğuna götürüldü ve uyanık halde şahsı ile semaya çıkartıldı. Daha sonra Allah'ın dilediği yüce makamlara götürüldü. Allah kendisine dilediği şeyle ikramlarda bulundu ve kuluna vahyetmiş olduğu şeyleri vahyetti.

Allah Teala'nın, Hz Muhammed *(sallallahu aleyhi ve sellem)* ümmetine bir rahmet olarak ikram etmiş olduğu Havuz haktır.

Ümmet-i Muhammed için hazırladığı şefaat de hadislerde anlatıldığı şekliyle haktır.

Allah Teala'nın Adem *(aleyhisselam)*'dan ve zürriyetinden almış olduğu misak haktır.

Allah Teala ezelde, cennete gireceklerle cehenneme girecek olanların sayısını bilmiş ilmi ile ihata etmiştir. Bu sayı ne artırılabilir ne de noksanlaştırılır.

Aynı şekilde insanların yapacakları fiilleri de Allah ezelde toptan bilmektedir. Herkese kendi için yaratılan işleri yapmaya imkan verilir. Ameller ise son işlenen amele göre değerlendirilir. Said ve Şaki, Allah'ın hükmü ve takdiri ile cennetlik ve cehennemlik olmuştur.

Kaderin esası, Allah Teala'nın mahlukatı hakkındaki sırrından ibarettir. Bu sırra ne bir meleki mukarreb ve ne de bir nebiyy-i mürsel muttali olmuş değildir. Bu konuda derinleşmek ve düşünceye dalmak başarısızlığın sebebi, sapıklığa götüren merdiven ve azgınlığa giden bir yoldur. Öyleyse bu hususta görüş, fikir ve düşünce beyan etmekten kaçının. Çünkü Allah Teaala, kader ilmini insanlardan gizlemiş ve kader hakkında bilgi edinme isteğinden de onları menetmiştir. Nitekim Allah Teaala şerefli kitabında şöyle buyuruyor:

"Allah yaptığından sorumlu tutulmaz, insanlar ise yaptıklarından dolayı sorguya çekileceklerdir." (Enbiya, 21/23)

Öyleyse Allah bir şeyi neden böyle yaptı diye soran kimse kitabın hükmünü reddetmiş olur. Kitabın hükmünü reddeden ise artık kafirlerden sayılır.

İşte, Allah dostlarından kalbi nurla dolmuş olan kimselerin ihtiyaç duyduğu şeylerin tümü bundan ibarettir. Bu ilimde ihtisas sahibi kişilerin elde ettiği derecedir. Zira ilim iki kısımdır.

Birisi, mahlukat arasında mevcut olan ilim, diğeri de mahlukatta mevcut olmayan ilimdir. Mevcut olan ilmin inkarı ve gayb ilminin de mevcudiyetinin iddia edilmesi küfürdür. İman, ancak mevcut ilmin kabulü ve kader ilmi olan mefkud ilminin istenmesinin de terkedilmesi ile olur.

Levh'e, Kalem'e ve Levh'te yazılmış olanların tümüne iman ederiz. Mahlukatın hepsi bir araya gelse Allah Teala'nın Levh'te varolacağını yazdığı şeyin yok olması için uğraşsa buna güçleri yetmez. Yine Allah'ın olmasını yazmadığı bir şeyin olması için toplanıp uğraşsalar buna muvaffak olamazlar. Kıyamete kadar olacak şeyleri kalem yazmıştır. Kulun başına gelmeyen şey, demek ki ona isabet edecek değildir.

Öyleyse kulun üzerine düşen yaratıklarından var olacak her şey hakkında Allah'ın ilminin öne geçtiğini bilmesidir. Kul bilmelidir ki, Allah bu ilmini dilemesi ile kesin ve kaçınılmaz bir şekilde takdir etmiştir. O'nun bu ezeli ilmine dayalı takdirini mahlukatından tehir edecek, giderecek, bozacak, noksanlaştıracak ve fazlalaştıracak olan hiç bir kimse yoktur. İşte kulun bu tutumu iman akdinden dinin temellerinin bilinmesinden, Allah Teaala'nın Bir'liğini ve Rububiyetinin itiraf edilmesinden dolayıdır.

Nitekim Yüce Allah'a kitabında *"O her şeyi yaratıp belli nizama koymuş geçmişini geleceğini taktir etmiştir "* (Furkan, 25/2) ve *"Allah'ın emri takdir edilmiş bir kaderdir "* (Azhab, 33/38) buyurmuştur.

Kader konusunda Allah'a hasım olana ve bu hususta görüşüne temel olarak hasta bir kalp hazırlayan kimseye yazıklar olsun. Bu kimse kuruntusu ile gayp ilminin araştırılması konusunda gizli olan sırra yönelmiş ve bu hususta söylediği fikirlerden dolayı iftira eden bir yalancı durumuna düşmüştür.

Allah'ın Kur'an'da beyan etmiş olduğu üzere, Arş ve kürsi haktır. Şanı yüce Allah'ın Arşa ve daha aşağısındaki şeylere ihtiyacı yoktur. Allah her şeyi ve bunun üzerindeki Arşı ihata etmiştir. Kendisini ihata etmekten ise mahlukatını aciz bırakmıştır.

Allah Teala'nın, Hz. İbrahim'i dost edindiğini ve Hz. Musa'yla da konuştuğunu bir iman, tasdik ve teslimiyet olarak ifade ediyoruz.

Meleklere, peygamberlere ve peygambere indirilen kitaplara iman eder peygamberlerin apaçık doğru üzere olduklarına şahadet ederiz.

Kıblemize doğru namaz kılanların Peygamber *(sallallahu aleyhi ve sellem)* 'in getirdiği ve kendisine ait olarak söylediği, haber verdiği şeyleri itiraf ve tasdik ettikleri müddetçe müslüman olduklarını kabul ederiz.

---

[139] Bu sız hak ve batıl anlama gelebilir. Selefin yolu, Allah ve Rasulü'nün isbat ettiğini isbat etmek, nefyettiğini nefyetmek ve sukut ettiği konularda da sukut etmektir.

Yüce Allah hakkında münakaşaya dalmayız. Allah'ın dini konusunda da birbirimizle çekişmeyiz.

Kur'an hakkında mücadele etmeyiz. Biliriz ki Kur'an Alemlerin Rabbinin kelamıdır. Onu, Ruhu'l-Emin olan Cebrail indirmiş ve peygamberlerin efendisi Muhammed *(sallallahu aleyhi ve sellem)*'e öğretmiştir. Yine bilmekteyiz ki, Allah'ın kelamına mahlukatın kelamından hiç bir şey denk olamaz. Kur'an'ın yaratılmış olduğuna inanmayız ve bu hususta Ehli Sünnet ve'l-cemaata muhalefet etmeyiz.

Ehli kıbleyi günahı helal saymadığı müddetçe hiç bir çeşit günahtan dolayı tekfir etmeyiz, yani kafir olduğunu söylemeyiz.

İman etmekle birlikte, günah işleyene bu günahın zarar vermeyeceğine de inanmayız.

Müminlerden güzel amel işleyen kimseleri Allah'ın affetmesini ve onları rahmeti ile cennete sokmasını umarız. Onlar hakkında emin olamayız ve cennete gireceklerine şehadet edemeyiz. Kötülük yapmış olanların affedilmesini diler, endişe duyarız ama onlardan ümit kesmeyiz.

Her halü karda amellerinin kabul edilip cennete gireceğinden emin olmak ve Allah'ın rahmetinden ümidini kesmek kişiyi dinden çıkarır. Buna karşılık ehli kıble için hak ümit ve yeis arasındadır.

Kul ancak kendisini iman dairesine sokan şeyleri inkar etmekle imandan çıkar.

Allah Teala'nın Kur'an'ın şeriat ve din olarak indirdiği ve Peygamber *(sallallahu aleyhi ve sellem)* 'in de bu hususda sahih olarak beyan ettiği şeylerin tamamı haktır.

İman tektir iman eden kimseler de imanın aslında eşittirler.[140] Gerçekte müminlerin arasındaki üstünlük ise takva Allah'a karşı gelmekten korkmak, nefsi arzulara uymamak ve daha layık olana sımsıkı bağlanmak suretiyle elde edilir.

Müminlerin tümü Allah'ın dostudur. Allah katında en değerlileri ise daha itaatkar olanları ve Kur'an'a en çok uyanlarıdır.

İman konuları, Allah'a meleklerine kitaplarına peygamberlerine ahiret gününe iman etmek öldükten sonra dirilmeye, kader yani hayır ve şer acı ve tatlı her şeyin Allah'tan geldiğine inanmaktan ibarettir.

Biz bunların tümüne iman ederiz ve Allah'ın peygamberlerinden hiç birini diğerinden ayırd etmeyiz. Hepsinin de Allah'tan getirdiği şeyleri tasdik ederiz.

Hz. Muhammed *(sallallahu aleyhi ve sellem)* 'in ümmetinden olan büyük günah sahipleri tevbe etmemiş bile olsalar, iman edip Allah'ı tanıdıktan sonra tevhid inancına sahip olarak öldüklerinde cehennemde ebedi bırakılmazlar. Bunlar Allah'ın dilemesi ve hükmüne tabidirler. İsterse onları kitabında:

"Şüphesiz ki Allah kendisine ortak koşulmasını affetmez. Bunun dışında dilediği kimseyi affeder" (Nisa, 4/48) şeklinde buyurduğu gibi fazileti ile affeder ve bağışlar; isterse onlara adaleti ile cehennemde azap eder daha sonra da bunları cehennemden kendi rahmeti itaatkar kimselerden olan şefaatçilerin de şefaati ile çıkartır ve cennetine gönderir. İşte Allah'ın bu muamelesi kendini tanıyanların dostu olmasından ve bu kullarını Allah'ın hidayetini yitiren O'nun dostluğuna erişemeyen inkarcı kimseler gibi bir tutmamasından ileri gelir.

Ey İslam'ın ve müslümanların sahibi olan Allah'ım bizi İslam'dan ayırma.

Ehli kıbleden olan her iyi ve facir kişinin arkasında namaz kılmayı ve bunlardan ölenlerin cenaze namazını da kılmayı da caiz görürüz.

Ehli kıbleden hiç birini ne cennete sokar ne de cehenneme atarız. Onlardan şirk, küfür ve nifak gibi her hangi bir şey belirmediği müddetçe kafir olduklarına, şirk koştuklarına ve münafık olduklarına şehadet etmeyiz. Onların gizli kalan şeylerini Allah Teala'ya bırakırız.

Hz. Muhammed *(sallallahu aleyhi ve sellem)* 'in ümmetinden, katli vacip olanlar hariç hiç birine kılıç çekmeyi caiz görmeyiz

Devlet idarecimiz olan imamlarımıza ve işlerimizi üslenen yöneticilerimize zulmetseler bile karşı çıkıp isyan etmeyiz. Aleyhlerinde bulunmayız ve onlara itaat etmekten geri durmayız. Günah işlemeyi emretmedikleri müddetçe onlara itaat etmeyi yüce Allah'a itaat etmek gibi farz biliriz. Onların islah olmaları ve düzelmeleri için dua ederiz.

Sünnete ve ehli sünnet cemaatine uyar, ayrılıktan, ihtilaftan ve parçalanmaktan kaçınırız.

Adil davranan ve emanete riayet edenleri sever, zulüm işleyen ve emanete hainlik edenlere kalben kin besleriz.

Bilinmesi bize karışık ve güç gelen şeyler hususunda Allah daha iyisini bilir der ve öylece inanırız.

Hadisi şerifte anlatıldığı gibi yolculukta ve mukım iken mestler üzerine meshetmeyi caiz görürüz.

Hac ve cihad müslümanların imamlarından ister iyi, ister facir olsun ululemir ile birlikte kıyamete kadar devamlı yapılacak olan iki farzdır. Bu iki farz ibadetini hiç bir şey iptal edemez ve kaldıramaz.

Kiramen katibin meleklerine ve Allah'ın onları üzerimize koruyucu ve yaptıklarımızı yazan şerefli varlıklar olarak tayin ettiğine iman ederiz.

Bütün canlıların ruhlarını almakla görevlendirilmiş olan ölüm meleğine iman ederiz.

Hak edenlerin kabir azabı ve nimetini göreceğine; Peygamber *(sallallahu aleyhi ve sellem)* 'in hadisleri ile ashabından *(radiyallahu anh)* gelen haberlere göre ölüye kabrinde Münker ve Nekir meleklerinin kişinin Rabbinden, dininden ve peygamberinden süal soracağına da iman ederiz.

Kabir ise ya cennet bahçelerinden bir bahçe ya da cehennem çukurlarından bir çukurdur.

---

[140] Müellif bu konuda İmam Ebu Hanife'nin görüşüne tabi olmuştur. Gerçekte ise insanlar imanda birbirlerinden üstündürler.

Öldükten sonra dirilmeye, kıyamet günü amellerin karşılığının verileceğine, dünyada yapılan amellerin sunulacağına, hesabın görüleceğine, amel defterinin okunacağına, sevaba, azaba, Sırata ve Mizana iman ederiz. Cennet ve cehennem yaratılmış olup ebediyyen sona ermez. Allah cennet ve cehennemi mahlukattan önce yaratmıştır. Bu ikisine girecek olanları da yaratmıştır. Öyleyse bu kimselerden dilediğini fazileti ile cennete atar dilediğini de adaleti ile cehenneme atar. Zaten insanlardan her biri kendileri için takdir edilmiş bulunan cennet yahut cehennemi hak edecek olan işleri yaparlar.

Hayır ve şerde önceden kullar hakkında takdir ve tayin olunmuştur.

Fiilin meydana gelmesi için gerekli olan istitaat (yani kudret ve kuvvet) fiil ile beraber bulunur. Bu istitaat fiilin meydana gelmesi için kesin başarı açısından söz konusu olup bununla mahlukatın vasfolunması caiz değildir. Fakat sıhhat, güç, fiile elverişli durum ve azaların sağlam oluşu cihetinden söz konusu olan istitaat fiilden önce bulunur. Kişiyi sorumlu tutan hitap ta bunlara bağlıdır. Nitekim Yüce Allah:

"*Allah bir kimseyi ancak gücünün yettiği ile mesul tutar.*" buyurmuştur. (Bakara: 2/286)

Kulların fiilleri Allah'ın yarattığı şeyler olup kullar açısından da kendilerine mal ettikleri işleridir.

Allah Teaala kulları ancak güç yetirebilecek şeylerden sorumlu tutar. Onlar da Allah'ın kendilerini muktedir kıldığı şeylere güç yetirebilirler. Bu da (la havle ve la kuvvete illa billah) "*Güç ve kuvvet ancak Allah'tan dır*" sözünün tefsiridir. Allah'a isyan etmekten korunmak için hiç bir kimsenin Allah'ın yardımından başka ne bir kudreti ne bir hareketi ve ne de bir çaresi mevcut değildir. Yine bir kimsenin Allah'a itaat etmesi ve itaatinde devam etmesi için Allah'ın muvaffak kılmasından başka bir kudreti yoktur.

Her şey Allah Teala'nın dilemesiyle, ilmi kazası ve kaderi ile meydana gelir. Allah'ın dilemesi her türlü dilek ve iradeye üstün çıkar. Yine onun kazası her çeşit hile ve çareye galip gelir. Allah dilediği şeyi yapar ve ebediyyen de zalim değildir. O her türlü kötülük ve zulümden uzaktır. Her çeşit ayıp ve kusurdan beridir. Allah yaptıklarından sorumlu değildir; kullar ise yaptıklarından sorulacaklardır.

Sağ olanların yaptıkları dua ve verdikleri sadakalarında ölüler için fayda vardır.

Allah Teaala duaları kabul eder ve ihtiyaçları giderir.

Allah her şeyi mülk edinir. Buna karşılık hiç bir şey Onu mülk edinemez. Allah'a göz açıp yumacak kadar bir zaman için bile ihtiyaç duymamak olacak şey değildir. Kim Allah'tan bir an bile müstağni kalacak olursa küfre girer ve hüsrana uğrayanlardan oluverir.

Allah Teala hem gazaba gelir kızar ve hem de razılık gösterip hoşnut olur. Fakat Onun kızması ve razı olması insanlardan hiç birininkine benzemez.

Rasulullah (*sallallahu aleyhi ve sellem*)'in ashabını sever onlardan hiç birinden uzaklaşmaz ve sevgisinde de aşırı gitmeyiz.

Onlara buğz edenlere ve onları hayır dışında bir şeyle ananlara biz de buğzederiz. Biz Sahabeyi ancak hayırla yadederiz. Onları sevmek din, iman ve dinde samimiyet; onlara buğzetmek ise küfür, münafıklık ve azgınlıktır.

Allah Rasulünden sonra hilafetin ümmet-i Muhammedin en faziletlisi ve en önde geleni olarak Ebu Bekir'e (*radiyallahu anh*) ait olduğunu, ondan sonra Ömer b. el-Hattab'a (*radiyallahu anh*) ondan sonra Osman b. Affan'a (*radiyallahu anh*) sonra da Ali b. Ebi Talib'e (*radiyallahu anh*) ait olduğunu kabul ve beyan ederiz. Bunlar Hulefa-i Raşidin ve insanları doğruya ve hidayete erdiren imamlardır. Allah hepsinden razı olsun.

Peygamber (*sallallahu aleyhi ve sellem*) 'in cennetlik dediği ve cennete gireceklerini müjdelediği on kişinin Rasulullah'ın şehadeti üzerine cennete gireceklerini müjdelediği on kişinin Rasulullah'ın şehadeti üzerine cennete gireceklerine şahidlik ederiz. Bu konuda Peygamberin sözü haktır. Bu on kişi de şunlardır: Ebu Bekir, Ömer, Osman, Ali, Talha, Zübeyr, Sa'd, Said, Abdurrahman b. Avf ve Ebu Ubeyde b. Cerrah'tır ki O bu ümmetin eminidir. Allah hepsinden razı olsun.

Rasulullah (*sallallahu aleyhi ve sellem*)'in ashabı ezvac-ı tahiratı (temiz zevceleri) ve zürriyetleri hakkında güzel söz söyleyen nifaktan uzak durmuş demektir.

Sahabe Tabiun ve onlardan sonra gelen hayır ve eser sahibi fıkıh ve düşünce ehli olan selef alimleri de ancak güzellikle yadedilirler. Kim onları kötülükle anarsa doğru yoldan çıkmış demektir.

Evliyadan hiç birini peygamberlerden (*aleyhisselam*) hiç birine üstün tutmayız. Bize göre bir tek peygamber bütün velilerden daha üstündür.

Evliyanın kerametlerinden ve güvenilir ravilerden ulaşan rivayetlerine ait şeylere iman ederiz.

Deccal'in çıkmasına, İsa (*aleyhisselam*)'ın gökten inmesine iman eder ve yine kıyamet alameti olarak güneşin batıdan doğacağına ve Dabbetü'l-Arz'ın yerinden çıkacağına inanırız.

Kahin ve müneccim ile kitap sünnet ve icmai ümmete muhalif herhangi bir şey iddia edenleri asla tasdik etmeyiz.

Birliği ve beraberliği hak görür parçalanmayı sapıklık ve azap olarak görürüz.

Gök ve yerde Allah'ın dini tektir o da İslam dinidir. Nitekim Allah Teala: "*Şüphesiz Allah katında din İslam'dır*" (Al-i İmran, 3/19) ve yine "*Din olarak size İslam'ı seçtim.*" (Maide, 5/3) buyurmuştur.

İslam Dini, ifrat ile tefrit, Allah'ı mahlukata benzetme inancı ile Allah'ın sıfatlarını inkar etmenin; Cebriyye ile Kaderiyye ve aldırmayacak kadar emin davranma ile ümitsizlik arasında orta bir yoldur.

İşte gizli ve açık olarak dinimiz ve itikadımız bundan ibarettir. Biz, buraya kadar söylediğimiz ve açıkladığımız inanç esaslarına aykırı düşünenlerden uzağız.

Allahu Teala'dan İslam üzerine devamlı kalmamızı ve son nefesimizi İslam ile yaşamamızı diler, bizleri çeşitli batıl arzulardan, yanlış fikirlerden, Müşebbihe, Mutezile, Cehmiyye, Kaderiyye'ye sapıp Ehli Sünnet ve'l Cemaat'in dışına sapmaktan korumasını niyaz ederiz. Biz onlardan uzağız. Onlar, bizce sapıktırlar. Ve kabule şayan değillerdir.
Batıldan korunmak ve Hak yolda muvaffak olmak Allah'tandır.[141]

İmam'ı Malik'in İtikadından Bazı Cümleler:

İmam *(radiyallahu anh)*'ın bu konudaki bazı sözleri şöyledir:
"..Peygamber *(sallallahu aleyhi ve sellem)*'in şu sözü tevhiddir. *'La ilahe illallah deyinceye kadar insanlarla savaşmakla emrolundum'*[142] Mal ve kanı koruyan tevhid hakikatıdır.
"Allah göktedir ve ilmi her yerdedir"[143]
"Kur'an Allah'ın kelamıdır ve Allah'ın kelamı Ondandır ve mahluk değildir"[144]
"Kim Kur'an mahluktur derse dövülür ve tevbe edinceye kadar hapse atılır."[145]
"Dilersek itaat ve dilersek de isyan ederiz diyenler Kaderiyye mazhebindendirler"[146]
"Onlar hakkındaki görüşüm şudur: Tevbeye çağrılırlar, tevbe etmedikleri taktirde öldürülürler."[147]
"Bidatine çağıran Kaderî, Haricî ve Rafizilerin tanıklıkları caiz değildir"[148]
"İman söz ve ameldir, artar ve eksilir."[149]
"Resulullah *(sallallahu aleyhi ve sellem)*'den sonra insanların en hayırlısı Ebu Bekr, sonra Ömer, sonra da zulmen öldürülen Halife'dir..."[150]
"Kim Peygamber *(sallallahu aleyhi ve sellem)*'in ashabına saygısızlık eder veya müslümanlara kin beslerse ona müslümanların fey'inden hiçbir hak yoktur.
"Bunların arkasından gelenler şöyle derler: "Rabbimiz! Bizi ve bizden önce gelip geçmiş imanlı kardeşlerimizi bağışla; kalplerimizde, iman edenlere karşı hiçbir kin bırakma! Rabbimiz! Şüphesiz ki sen çok şefkatli, çok merhametlisin!" " (Haşr, 59/10).
Sahabeye düşmanlık ve kin besleyenlerin fey'den hiçbir hakları yoktur.[151]
"Peygamber *(sallallahu aleyhi ve sellem)*'in ashabına kin güdenler şu ayeti kerime ile muhatap olurlar:
"Muhammed Allah'ın elçisidir. Beraberinde bulunanlar da kâfirlere karşı çetin, kendi aralarında merhametlidirler. Onları rükûya varırken, secde ederken görürsün. Allah'tan lütuf ve rıza isterler. Onların nişanları yüzlerindeki secde izidir. Bu, onların Tevrat'taki vasıflarıdır. İncil'deki vasıfları da şöyledir: Onlar filizini yarıp çıkarmış, gittikçe onu kuvvetlendirerek kalınlaşmış, gövdesi üzerine dikilmiş bir ekine benzerler ki bu, ekicilerin de hoşuna gider. Allah böylece onları çoğaltıp kuvvetlendirmekle kâfirleri öfkelendirir. Allah onlardan inanıp iyi işler yapanlara mağfiret ve büyük mükâfat vâdetmiştir." (Feth, 48/29)[152]
"Din hakkında kelam ve söz mekruhtur. Memleketimiz alimleri tıpkı Cehmiyye ve Kaderiyye ve bunlara benzer diğer fırkalar gibi kelam etmeyi hoş görmezler. Allah ve din hakkında amele iletmeyen kelam konuşmaktansa susmayı tercih ederim."[153]
"Bidatten ve bidat ehlinden şiddetle kaçınınız ki onlar Allah'ın sıfatları, kelamı, ilmi ve kudreti hakkında konuşurlar da sahabe ve tabiinin sükut ettiği bu konularda sükut etmezler.[154]

İmamı Şafii'nin İtikadı:

İmam Şafii *(radiyallahu anh)* şöyle dedi: "Allah'a hamd olsun ...Ki o kendisini tanımladığı gibidir ve halkın tanımlamalarının üzerindedir."[155]

---

[141] Burada asıl olarak Matbatu'ş Şarkıyye (Cidde)'nin 23/11/1344 H. Baskısını esas akdık.
[142] Buharo: 3/263. Müslim: 1/51.
[143] Haravo, Zemmu'l Kelam: sh. 63.
[144] Bkz. Mesailu İmam Ahmed sh. 363. İmam Abdullah, es-Sünne: 1/107.
[145] Tertibu'l Medarik: 1/174.
[146] İmam Abdullah, es-Sünne: 1/107. El-İntika: sh. 35.
[147] Tertibu'l Medarik: 2/48. Şerhu İtikad Ehli's sünne: 2/701.
[148] İbn Asım, es-Sünne: 1/87-88. El-Hılye: 6/326.
[149] Tertibu'l Medarik: 2/47.
[150] el-İntika: sh. 34. Tertibu'l Medarik: 10/173-174.
[151] Tertibu'l Medarik: 2/44-45.
[152] Hılyet'l Evliya: 6/327.
[153] Hılyetu'l Evliya: 6/327.
[154] İbn Abdilberr, Camiiu Beyanu'l İlm ve Fadlihi: sh. 415.
[155] es-Sabuno, Akidetu's Selef: 54.

Benim de benimsediğim, Süfyan ve Malik gibi gördüğüm ve ilim aldığım ehli hadisin, sünnet konusundaki görüşleri şudur: Allah'tan başka ilah olmadığına, Muhammed *(sallallahu aleyhi ve sellem)*'in Allah'ın elçisi olduğuna şehadet etmek ve Cenabı Hakk'ın gökte arşında olduğuna ve kullarına dilediği gibi yaklaştığına ve yine dilediği gibi dünya semasına indiğine inanırız."[156]

"Kur'an'ın ve sünnet'in isbat ettiği bu sıfatları biz de ispat ediyor ve Allah kendi zatından uzak tuttuğu gibi, biz de teşbihi ondan uzak tutuyoruz. Allah'ın bir benzeri yoktur."[157]

"Allah'ın kitap ve sünnet'te bildirilen isim ve sıfatları vardır. Bu isim ve sıfatlar kendisine, kitab ve sünnet hüccetleriyle sabit olduğu halde kim bunlardan birisini inkar ederse kafir olur. Ancak haber cihetiyle hüccet sabit olmamış ise, bu durumda cehaleti nedeniyle mazurdur. Çünkü bu gibi şeylerin akıl, fikir yürütmekle bilinmesi mümkün değildir. Cenabı Hakkın işitici olduğu, veya iki eli olduğu haberleri de böyledir. Hakk Teala şöyle buyurdu:

" Bilâkis, Allah'ın elleri açıktır, dilediği gibi verir." (Maide, 5/64).

Ve şu kavli ile Allah'ın sağı vardır:

"Gökler O'nun sağ eliyle dürülmüş olacaktır." (Zümer, 39/67).

Ve vechi vardır:

"O'nun vechinden başka her şey yok olacaktır." (Kasas, 28/88).

"Ancak azamet ve ikram sahibi Rabbinin vechi bâki kalacak". (Rahman, 55/27)...."[158]

"Ve kulların dilemeleri Allah'ın dilemesiyledir. Kullar ancak Alemlerin Rabbinin dilediklerini dileyebilirler ve kendi amellerini yaratamazlar. Her şey gibi kulların fiileri de Allah tarafından yaratılmıştır. Hayrı ve şerri ile kader Allah'tandır. Kabir azabı, kabirdekilerin sorguya çekilmeleri, diriliş, hesap, cennet, cehennem ve hakkında sünnetlerin bulunduğu bu gibi şeylerin tamamı haktır."[159]

"İman söz, amel ve kalp ile itikattır. Cenabı Hakkın şu sözünü görmüyor musunuz?! *"Allah sizin imanınızı asla zayi edecek değildir."* Bu ayeti kerimede Beytu'l Makdise yönelinerek kılınan namazlar iman olarak ifade edilmiştir. Namaza imam denilmiştir ki o da, söz, amel ve inançtır.[160]

"İman söz ve ameldir. Artar ve eksilir."

"...Kendisinden başka ilah olmayan Allah'a iman, amel derecelerinin en yükseğidir ve en şereflisidir. İmanın çeşitli halleri, dereceleri ve tabakaları vardır ki bunlardan bazıları şudur: Tamamı tam olan, eksiği açık olan ve tercih edilip tercihi fazla olandır....Allah'ın kulları için kıldığı farzların en büyüğü imandır. Allah imanı insanın değişik organlarına muhtelif işlevler görecek tarzda farz kılmıştır.

Bu organlardan bir tanesi kalptir ki insan onunla akıl ve idrak edip, onunla anlar. Kalp beden ülkesinin emirlerine itaat edilen padişahıdır.

Diğer organlarından bazıları ise kendisiyle gördüğü iki gözü, işittiği kulakları, tuttuğu elleri, kalp ve dilin isteklerini yerine getiren ferci ve yüzünün olduğu başı.

Tüm bu organların farzları ayrı ayrıdır.

Allah'ın kalbe yüklediği iman farzına gelince: Allah'tan başka ilah olmadığına, şerikinin bulunmadığına, eş ve çocuk edinmediğine, Muhammed *(sallallahu aleyhi ve sellem)*'in onun kulu ve elçisi olduğuna ikrar getirmek, buna inanmak, rıza ve teslimiyet göstermektir. Ve de Allah tarafından gönderilen tüm peygamberler ve kitapları ve bunların getirdiklerini kabul etmektir. İşte Allah'ın kalbe farz kıldığı iman ve kalbin ameli budur:

"Kim iman ettikten sonra Allah'ı inkâr ederse -kalbi iman ile dolu olduğu halde (inkâra) zorlanan başka- fakat kim kalbini kâfirliğe açarsa, işte Allah'ın gazabı bunlaradır; onlar için büyük bir azap vardır." (Nahl, 16/106)

"Bilesiniz ki, kalpler ancak Allah'ı anmakla huzur bulur." (Ra'd, 13/28)

"İçinizdekileri açığa vursanız da gizleseniz de Allah ondan dolayı sizi hesaba çekecektir." (Bakara, 2/284).

İşte kalbin imanı ve ameli budur.

Allah'ın dile yüklediği farz: Kalbin inancını söz ve ifadeye dökmektir. Hakk Teala şöyle buyurdu:

"... inandık ve biz sadece Allah'a teslim olduk" deyin." (Bakara, 2/136).

"İnsanlara güzel söz söyleyin" (Bakara, 2/83). Allah'ın dile yüklediği iman farzı budur.

İşitme organlarının farzı: Allah'ın haram kıldığı şeyleri dinlemekten kaçınmasıdır. Hakk Teala şöyle buyurdu:

"O (Allah), Kitap'ta size şöyle indirmiştir ki: Allah'ın âyetlerinin inkâr edildiğini yahut onlarla alay edildiğini işittiğiniz zaman, onlar bundan başka bir söze dalıncaya (konuya geçinceye) kadar kâfirlerle beraber oturmayın; yoksa siz de onlar gibi olursunuz." (Nisa, 4/140)

Fakat unutularak yapılanlar mazur görülmüştür.

"Ayetlerimiz hakkında ileri geri konuşmaya dalanları gördüğünde, onlar başka bir söze geçinceye kadar onlardan uzak dur. Eğer şeytan sana unutturursa, hatırladıktan sonra artık o zalimler topluluğu ile oturma." (Enam, 6/68)

---

[156] er-Risale: sh.7-8.
[157] İctimau'l Cuyuşu'l İslamiye, sh: 165.
[158] Siyer E'lamu'n Nübela: 20/341.
[159] Beyhako, Menakibu'ş Şafii: 1/412-413.
[160] Beyhako, Menakibu'ş Şafii: 1/415.

"Tâğut'a kulluk etmekten kaçınıp, Allah'a yönelenlere müjde vardır. Kullarımı müjdele:
kullarımı ki, onlar sözü dinlerler, sonra da en güzeline uyarlar. İşte onlar, Allah'ın doğru yola ilettiği
kimselerdir. Gerçek akıl sahipleri de onlardır." (Zümer, 39/17-18)
"Gerçekten müminler kurtuluşa ermiştir;
Onlar ki, namazlarında huşû içindedirler;
Onlar ki, boş ve yararsız şeylerden yüz çevirirler;
Onlar ki, zekâtı verirler" (Müminun, 23/1-4)
"Onlar, boş söz işittikleri zaman ondan yüz çevirirler" (Kasas, 28/55)
İşte işitme organının görevleri de şunlardır.
Gözlerin farzları: Onlarla Allah'ın haram kıldığı şeylere bakmaktan sakınmaktır. Hakk Teala şöyle buyurdu:
"(Resûlüm!) Mümin erkeklere, gözlerini (harama) dikmemelerini, ırzlarını da korumalarını söyle. Çünkü bu,
kendileri için daha temiz bir davranıştır. Şüphesiz Allah, onların yapmakta olduklarından haberdardır.
Mümin kadınlara da söyle: Gözlerini (harama bakmaktan) korusunlar; namus ve iffetlerini esirgesinler.
Görünen kısımları müstesna olmak üzere, zinetlerini teşhir etmesinler. Baş örtülerini, yakalarının üzerine
(kadar) örtsünler. Kocaları, babaları, kocalarının babaları, kendi oğulları, kocalarının oğulları, erkek
kardeşleri, erkek kardeşlerinin oğulları, kız kardeşlerinin oğulları, kendi kadınları (mümin kadınlar), ellerinin
altında bulunanlar (köleleri), erkeklerden, ailenin kadınına şehvet duymayan hizmetçi vb. tâbi kimseler, yahut
henüz kadınların gizli kadınlık hususiyetlerinin farkında olmayan çocuklardan başkasına zinetlerini
göstermesinler. Gizlemekte oldukları zinetleri anlaşılsın diye ayaklarını yere vurmasınlar (Dikkatleri üzerine
çekecek tarzda yürümesinler). Ey müminler! Hep birden Allah'a tevbe ediniz ki kurtuluşa eresiniz." (Nur, 24/30-
31)
İmam yine şöyle dedi: "Gözleri haramdan sakındırmak da imanın bir gereğidir."
Şu ayeti kerime kalp, işitme ve görme duygularına birden hitap etmektedir.
"Hakkında bilgin bulunmayan şeyin ardına düşme. Çünkü kulak, göz ve gönül, bunların hepsi ondan
sorumludur." (İsra, 17/36)
Fercin farzı, onu Allah'ın haram kıldıklarından temastan korumaktır.
"Ve onlar ki, iffetlerini korurlar" (Müminun, 23/5).
"Siz ne kulaklarınızın, ne gözlerinizin, ne de derilerinizin aleyhinize şahitlik etmesinden sakınmıyordunuz,
yaptıklarınızdan çoğunu Allah'ın bilmeyeceğini sanıyordunuz." (Fussilet, 41/22).
Burada derilerden maksat, insanların ferçleri, yani iffet yerleridir.
Ellerin farzları: Allah'ın haram kıldıklarına dokunmamak ve onlarla Allah'ın emrettiği sadaka, sılayı rahim ve
cihad görevlerini ifa etmektir. Bu hususta Cenabı Hakk şöyle buyurdu:
"Ey iman edenler! Namaz kılmaya kalktığınız zaman yüzlerinizi, dirseklerinize kadar ellerinizi, başlarınızı
meshedip, topuklara kadar ayaklarınızı yıkayın. Eğer cünüp oldunuz ise, boy abdesti alın. Hasta, yahut yolculuk
halinde bulunursanız, yahut biriniz tuvaletten gelirse, yahut da kadınlara dokunmuşsanız (cinsî birleşme
yapmışsanız) ve bu hallerde su bulamamışsanız temiz toprakla teyemmüm edin de yüzünüzü ve (dirseklere kadar)
ellerinizi onunla meshedin. Allah size herhangi bir güçlük çıkarmak istemez; fakat sizi tertemiz kılmak ve size
(ihsan ettiği) nimetini tamamlamak ister; umulur ki şükredersiniz." (Maide 5/,6).
"(Savaşta) inkâr edenlerle karşılaştığınız zaman boyunlarını vurun. Nihayet onlara iyice vurup sindirince bağı
sıkıca bağlayın (esir alın). Savaş sona erince de artık ya karşılıksız veya fidye karşılığı salıverin." (Muhammed,
47/4)
Çünkü ellerin ilacı vurmak, harb, sadaka ve sılayı rahimdir.
Ayakların farzları: Allah *(cc)*'ın haram kıldığı şeylere yürümemektir:
"Yeryüzünde böbürlenerek dolaşma. Çünkü sen (ağırlık ve azametinle) ne yeri yarabilir ne de dağlarla ululuk
yarışına girebilirsin." (İsra, 17/37)
Yüzün farzı: Gece, gündüz ve namaz vakitlerinde Allah'a secde etmektir.
"Yeryüzünde böbürlenerek dolaşma. Çünkü sen (ağırlık ve azametinle) ne yeri yarabilir ne de dağlarla ululuk
yarışına girebilirsin." (Hacc, 22/77)
"Mescidler şüphesiz Allah'ındır. O halde, Allah ile birlikte kimseye yalvarmayın (ve kulluk etmeyin)" (Cinn,
72/18).
Mescid, Ademoğullarının namazlarında secde ettikleri yerlere denilir.
İşte Allah'ın bu organlara kıldığı farzlar bunlardır."
Allah *(cc)* kitabında temizlik ve namazları iman olarak isimlendirdi. Kıblenin yönü Mescidi Haram'a
çevrilmeden önce müslümanlar 16 ay boyunca Mescidi Aksa'ya yönelerek namaz kılmışlardı. Kıblenin
değişmesinden sonra müslümanlar Resulullah *(sallallahu aleyhi ve sellem)*'e gelerek
"Ya Resulallah! Daha önceki namazlarımızın durumu ne olacak?" diye sordular. Bunun üzerine Hakk Teala şu
ayeti kerimeyi indirdi:
"Allah sizin imanınızı asla zayi edecek değildir. Zira Allah insanlara karşı şefkatli ve merhametlidir." (Bakara,
2/143).

Böylece namaz iman olarak isimlendirildi. Kim namazlarını ve organlarına yüklenen farzları muhafaza ederek Allah'a kavuşursa imanını kemale erdirmiş olarak kavuşmuş ve cennete girmiş olur. Bunlardan bazılarını kasten terkederek Allah'a öylece kavuşmuş olanlar ise, Allah'a nakıs bir imanla gitmiş olurlar. İmam şöyle dedi: "İman'ın eksik ve tamamı böyle ise, ziyadeliği nasıldır?"

İmam'ı Şafii şöyle dedi: Cenabı Hakk yüce kitabında şöyle buyurdu:

"Herhangi bir sûre indirildiği zaman onlardan bir kısmı der ki: "Bu sizin hanginizin imanını artırdı?" İman edenlere gelince (bu sûre) onların imanlarını artırır ve onlar sevinirler. Kalplerinde hastalık (kâfirlik ve münafıklık) olanlara gelince, onların da inkârlarını büsbütün artırır ve onlar artık kâfir olarak ölürler." (Tevbe, 9/124-125).

"Hakikaten onlar, Rablerine inanmış gençlerdi. Biz de onların hidayetini arttırdık." (Kehf, 18/13).

Şafii şöyle dedi: İmanda eksiklik ve ziyadelik olmasaydı insanlar bu konuda eşit olurlardı ve üstünlük olmazdı. Fakat imanın tamamı ile müminler cennete girer ve imanlarındaki üstünlüğe göre cennette derece kazanırlar. İmanları noksan olanlar ise cehennemle cezalandırılırlar.

Şafii şöyle dedi: Tıpkı atların yarışmaları gibi kullarda iman ve amelde yarışırlar ve yarışmadaki başarılarına göre derece ve mükafat alırlar. Ümmetin tüm fertleri bu şekilde bir müsabaka ve buradaki başarılarına göre derece sahibidirler. Herkes kendi derecesine göre üstünlük kazanır."[161]

"Allah *(cc)* Kur'an, İncil ve Tevrat'ta Resulullah *(sallallahu aleyhi ve sellem)*'in ashabını övdü. Resulullah *(sallallahu aleyhi ve sellem)*'de onların fazilet ve üstünlüklerini beyan etti ki onlardan sonra hiç kimsenin onların derecelerine ulaşması mümkün değildir. Sıddıklar, şehidler ve salihlerin en üstün mertebesinde onlar bulunmaktadırlar. Resulullah *(sallallahu aleyhi ve sellem)*'in sünnetlerini onlar bize ulaştırdılar. Vahyi bizzat yaşayıp anlamlarını direkt Allah Rasulü *(sallallahu aleyhi ve sellem)*'den öğrendiler. Bizim bildiklerimiz ve bilmediklerimizin tamamını onlar bildiler. İlim ve ictihad, vera ve akıl, istidrak ve istinbat bakımından onlar bizden üstündürler. Onların görüşleri bize bizim kendi görüşlerimizden daha evladır."[162]

"Peygamber *(sallallahu aleyhi ve sellem)*'den sonra insanların en üstünü Ebu Bekr, sonra Ömer sonra Osman ve sonra Ali'dir. (radiyallahu anhüm)[163]

"Ebu Bekr'in hilafeti haktır. Allah gökte böyle hükmetmiş ve yerde insanların kalplerini bu hükmü üzerine toplamıştır."[164]

"...Kim iman sözdür derse o Mürceî, kim Ebu Bekr ve Ömer imam değildir derse o Rafizî, ve kim de meşieti kendisinde gösterirse o da Kaderî'dir."[165]

"Şirk hariç hiçbir günah kelamdan daha büyük değildir."[166]

"Şirk hariç, kulun Allah'a tüm günahlarla kavuşması hevasından bir şeyle kavuşmasından daha hayırlıdır."[167]

"Bir ucundan kelama bulaşıp da sonra felah bulan hiç kimse görmedim"[168]

İmam Ahmed'in İtikadı:

İmam Ahmed'in itikat konusundaki sözlerini ihtiva eden en önemli eser İmam Hallal'ın "es-Sünnet" isimli kitabıdır. Şeyhu'l İslam İbn Teymiyye şöyle dedi: "Ahmed'in usulu'd din konusundaki sözlerini Ebu Bekr Ahmed b. Muhammed b. Harun el- Hallal toplamıştır.[169] Burada İmam Ahmed'in itikadı ile ilgili olarak iki metin nakletmekle yetineceğiz .Bunlardan biri Abdus b. Malik'in İmam Ahmed hakkındaki risalesidir ki bunu Tabakat'l Hanabile (1/241) de İmam İbn Ebi Yala, Şerhu İtikad (1/156) da İmam Lalkaî ve Menakibu İmam Ahmed (sh.216) 'de İbn Cevzî ve başkaları rivayet ettiler.[170]

Bu konuda ayrıntılı bilgi için "el-Mesailu ve'r Resailu'l Merviyye an İmam Ahmed fi'l Akide" isimli esere müracaat edilebilir.[171]

İmam Lalkaî senedi ile Abdus b. Malik'den şöyle rivayet etti. Abdus şöyle dedi: İmam Ahmed b. Hambel'in şöyle dediğini işittim: "Bizde usulu's sünnet şudur: Resulullah *(sallallahu aleyhi ve sellem)*'in ashabının görüşlerine sarılmak, onların yolundan gitmek ve bidatleri terketmektir. Çünkü her bidat bir dalalettir... Aynı zamanda husumeti, heva ehli ile beraber olmayı, cidali ve din hususunda husumeti terk etmektir. Sünnet,

---

[161] el-İntika: sh. 81.

[162] Menakibu'ş Şafii: 1/385, Siyer E'lamu'n Nübela: 10/32, Tehzibu'l Esma ve'l lüğat: 1/66.

[163] Menakibu'ş Şafii: 1/387-393.

[164] Menakibu'ş Şafii: 1/442.

[165] Menakibu'ş Şafii: 1/433.

[166] Fetava: 5/53, İctimau'l Cuyuşu'l İslamiyye: sh.165.

[167] Siyer E'lamu'n Nübela: 10/31

[168] İbn Ebi Hatim, Menakibu'ş Şafii: sh.186, Şerh Usul İtikadi Ehli's Sünne: 1/146.

[169] Fetava,12/325.

[170] Adabu'ş Şafii: sh. 187, Menakibu'ş Şafii (İbn Kesir): sh.185, Tevalı't Tesis: sh. 64.

[171] el-İbanetu'l Kıbra: sh. 535-536.

Resulullah *(sallallahu aleyhi ve sellem)*'in sözleri, Kur'an'ın tefsiri ve delilleridir. Sünnette kıyas olmaz, misal verilemez. Sünnet akıl ve heva ile idrak edilemez. Bilakis o ittiba ve hevayı terkten ibarettir.

Sünneti lazime'den bir de hayrı ve şerri ile kadere iman ve bu konuda varid olan hadisleri tasdiktir. Kişi inandığı halde bundan bir haslet terk ederse bunun ehlinden değildir. Bu konuda niçin ve nasıl soruları sorulmamalı, sadece iman ve tasdik edilmelidir. Bu konuda varid olan hadisin tefsiri bilinmese dahi akla uyuyor ise ona iman ve teslimiyet gösterilmelidir. Kader ve ruyet konusundaki bazı hadisler bu kabildendir. Sikattan geldiği halde akla aykırı gözüken hadislere de yine iman etmek ve bu konuda tartışma ve cedele girmemek gerekir. Kader, Ruyet ve Kur'an ve diğer sünnet meselelerinde kelam yapmak mekruh ve yasaktır. Kelamcı bazı sözlerinde isabet etse de, kelam ve cidalı terk edip, hadislere uymadıkça ehli sünnet değildir. Kur'an Allah'ın kelamıdır ve mahluk değildir. Bu konuda bidate sapanlarla kesinlikle tartışmaya girme. Peygamber *(sallallahu aleyhi ve sellem)*'den gelen sahih hadislerde geldiği gibi kıyamet günü Allah'ın görüleceğine (ruyet) ve Resulullah *(sallallahu aleyhi ve sellem)*'in Rabbini gördüğüne inanmak gerekir. Bu konudaki hadisler sahihtir. Katade İkrime'den O da İbn Abbas'dan rivayet etti. Ve Hakem b. Üban İkrime'den O da İbn Abbas'dan rivayet etti. Ve yine Ali b. Zeyd Yusuf b. Mihran Oda İbn Abbas'dan rivayet etti. Bizice hadis Peygamber *(sallallahu aleyhi ve sellem)*'den geldiği gibi zahiri üzerinedir ve bu konuda kelam etmek bidattir. Geldiği gibi zahirine inanırız ve bu konuda kimseyle tartışmayız.

Kıyamet günü mizanına yani insanların amellerinin tartılacağına inanırız. Biz eserde de[172] varid olan bu hususa inanır ve bunu tasdik ederiz, inkar edenlerden yüz çevirir ve onlarla bu konuda bir tartışmaya girmeyiz. Ve yine Allah'ın kıyamet günü, O ve kulları arasında hiçbir tercüman bulunmaksızın, kullarıyla konuştuğuna inanır ve bunu tasdik ederiz.

Ve yine Havz'a ve hadislerde geldiği gibi Resulullah *(sallallahu aleyhi ve sellem)*'in ümmetini etrafında topladığı, genişlik ve uzunluğu aynı olan büyük bir havuzu olduğuna inanırız.

Kabir azabına ve ümmetin kabirde fitneye maruz kalacağına, Allah'ın dilediği ve irade ettiği şekilde Münker ve Nekir melekleri tarafından iman, İslam, Rabbinin ve peygamberinin kim olduğu konularında sorgulanacağına iman ve tasdik ederiz.

Ve Peygamber *(sallallahu aleyhi ve sellem)*'in şefaatine iman ederiz.

Bir topluluğun eserde de geldiği gibi, Allah'in dilediği şekilde cehennemde yanıp kömürleştikten sonra, cennete gireceklerine iman ederiz.

Deccal'in iki gözü arasında "kafir" olarak yazılmış olduğu halde geleceğine ve bu konuda varid olan hadislere İsa (as)'ın inip onu öldüreceğine iman ederiz.

İman söz ve ameldir, artar ve eksilir. Hadislerde şöyle varid olmuştur:

"Müminlerin ahlak bakımından en kamili, ahlak bakımından en güzel olanlarıdır."[173]

"Kim namazı terk edere muhakkak ki küfretmiş olur".

Namaz dışında terki küfür olan başka hiçbir amel yoktur. Kim namazı terkederse o kafirdir ve öldürülmesi helaldir.

Peygamber *(sallallahu aleyhi ve sellem)*'den sonra bu ümmetin en hayırlısı Ebu Bekr es-Sıddik, sonra Ömer b. Hattab sonra da Osman b. Affan'dır. Peygamber *(sallallahu aleyhi ve sellem)*'in ashabı gibi, biz de o üçünü takdim ederiz.

Bu üçünden sonra üstünlük beş kişilik şura heyetindedir ki onlar da şunlardır: Ali b. Ebi Talib, Zübeyr, Talha, Abdurrahman b. Avf, Sad b. Ebi Vakkas. Bunların tamamı Hialafete ehil ve imam zatlardır. Bu konuda İbn Ömer'in hadisi delildir:

"Resulullah (sallallahu aleyhi ve sellem) hayatta iken dahi ümmetin efdali olarak Ebu Bekr sonra Ömer sonra Osman'ı görürdük ve sonraki konusunda sukut ederdik."[174]

Şura ashabından sonra fazilet sırasında, Bedir ehli Muhacirler ve sonra da Bedir ehli Ensar gelir. Onlardan sonra da Müslüman olma ve hicret etme önceliğine göre Resulullah *(sallallahu aleyhi ve sellem)*'in diğer ashabı gelir. Velev ki bir saat dahi Resulullah *(sallallahu aleyhi ve sellem)*'in sohbetinde bulunan veya gören kimse Onun sahabesi sayılır. Bunlar arasındaki fazilet müslüman olma önceliği ve daha fazla sohbetinde bulunma önceliğine göredir. İman ettiği halde gözleriyle bir saat dahi Resulullah *(sallallahu aleyhi ve sellem)*'i görme şerefi kazanmış an alt derecedeki bir sahabi dahi, tabiinin en üst derecesinde bulunan bir müslümandan daha faziletlidir.

İmamları dinleyip itaat etmek gerekir. Emiru'l Müminin: Müttaki veya facir, hilafet makamına oturan ve insanlar tarafından kabul edilip, rıza gösterilen kimsedir. Kılıç zoruyla bu makama geçen kişi de Emiru'l Müminin olarak isimlendirilir. Takvalı veya günahkar olsun, Emiru'l Mümininle beraber cihad etmek kıyamete kadar bakidir ve yürürlüktedir; terkedilemez.

---

[172] Bunu aynı şekilde Cilau'l Ayneyn (sh.227)'de Numam el-Aluso ve el-Medhal ila Mezhebi İmam Ahmed (sh.19)'de İbn Bedran zikretti.

[173] Derleyen ve tahkik eden Abdu'l İlah el-Ahmedo'dir.

[174] Şerhu't Tahaviye,sh: 483.

Fey'in dağıtımı ve hadlerin ikamesi İmam'ın yetkisindedir. Bu konuda kimsenin onlara karşı çıkma hakkı yoktur. Zekatların da onlara verilmesi caiz ve uygundur. Müttaki veya asi olsun, zekatlarını onlara veren sorumluluğunu yerine getirmiş olur. Cuma namazını iki rekat olarak onların veya görevlendirdikleri şahsın arkasında kılmak caizdir. Kim Cumayı onların arkasında kıldıktan sonra tekrar iade ederse bidat işlemiş ve sünnete muhalefet etmiştir. Cuma namazının faziletinden yoksun kalmıştır. Sünnet, cumayı Müttaki veya facir imamın arkasında iki rekat olarak kılmak ve bunun tam olduğuna inanmaktır. Bu konuda şüpheye kesinlikle yer yoktur. Herhangi bir şekilde hilafeti elinde bulunduran ve insanların da kendisini halife olarak benimsedikleri müslümanların imamına isyan bayrağı kaldırmak caiz değildir ve sünnete aykırıdır. Asi bu hal üzere ölürse cahiliyye üzere ölmüş gibidir. Sultana karşı çıkmak ve onunla savaşmak hiç kimseye helal değildir. Bunu yapan kimse sünnete muhalif bir bidatçidir. Malı ve canına karşı saldırıya uğrayan kişinin kendini savunması ve bu yolda savaşması caiz ve haktır. Fakat kaçan saldırganları takip etme ve yakalama işi, müslümanların İmamı ve diğer yöneticilerine aittir. Canını ve malını savunurken öldürülen kişinin, hadislerde de geçtiği gibi şehid olarak gitmiş olduğu umulur. Bu konudaki naslardan şu hükümler anlaşılmaktadır: Saldırıya uğrayanların saldırgan bağilerle savaşmaları caizdir. Fakat kaçtıkları zaman onları takip etmek veya yenildikleri zaman öldürmek veya had uygulamak şahısların hakkı değildir. Esir alınan bağiler, muhakeme edilmek üzere yöneticilere teslim edilir. Kıble ehlinden muayyen kimsenin kesin olarak cennete veya cehenneme gireceğine şehadet etmeyiz.
Fakat salih amel sahibinin cennete gireceğini ümid eder ve cehenneme girme ihtimalinden de korkarız. Günahkarların da cehenneme girmesinden korkar fakat aynı zamanda onlar için rahmet ümid ederiz. Günah işleyen cezasını görür, tevbe eden affolunur. Allah kullarının tavbelerini kabul eder ve günahlarını bağışlar. Peygamber *(sallallahu aleyhi ve sellem)*'in haber verdiği gibi, işlediği suçtan dolayı dünyada kendisine had uygulanan kimseye bu had günahından kefaret olur. Günahlara dalıp, tevbe etmeden ölen kimsenin işi Allah'a kalmıştır; dilerse ona azab eder ve dilerse de affeder. İtiraf ettiği veya delillerle tesbit edildiği zaman zina eden evli kimselerin recmedilmeleri haktır. Peygamber *(sallallahu aleyhi ve sellem)* ve Raşid Halifeler recm cezasını tatbik etmişlerdir. Herhangi bir sebepten dolayı Resulullah *(sallallahu aleyhi ve sellem)*'in ashabına saygısızlık eden veya onlara kin besleyen kimse bu tavrından vazgeçmedikçe bidat ehlindendir. Nifak (münafıklık), Allah'tan başkasına taptığı ve inanmadığı halde inanıyormuş gibi görünmektir ki bu da kesin küfürdür. Resulullah *(sallallahu aleyhi ve sellem)* dönemindeki münafıklar da böyle yapıyorlardı. Resulullah *(sallallahu aleyhi ve sellem)* de şöyle buyurmuştur:
"Şu üç haslet kimde bulunursa o münafıktır..."[175]
Bu ve aşağıdaki şu sahih hadislerin tefsirlerini bilmesek de bunlara iman ederiz.
Bu nevi hadislerden bazıları şöyledir:
"Benden sonra birbirinizin boynunu vurarak küfre dönmeyin."[176]
"İki müslüman kılıçlarıyla karşı karşıya gelirlerse katil de maktul da cehennemdedir."[177]
"Müslümana sövmek fısk ve onu öldürmek küfürdür."[178]
"Kim kardeşine 'Ey kafir' derse ikisinden biri kafirdir."[179]
"Nesebden teberrü eden küfretmiştir, incelse de."[180]
Bu ve benzer diğer sahih hadislere bir açıklama getiremesek de iman ederiz; fakat bu konuda kimseyle tartışma ve cedele girmeyiz.
Peygamber *(sallallahu aleyhi ve sellem)*'in de hadislerinde buyurduğu gibi, cennet ve cehennem mahlukturlar ve halen yaratılmış olarak mevcutturlar:
"Cennete girdim ve bir saray gördüm", *"Ve kevseri gördüm"*, *"Cehenneme baktım ve içindekilerin çoğunun kadınlardan olduklarını gördüm"*.
Kim cennet ve cehennemin yaratılmadığını iddia ederse Kur'an'ı ve Peygamber *(sallallahu aleyhi ve sellem)* 'in hadislerini yalanlamış olur. Bu kişinin cennet ve cehenneme inandığını sanmıyorum. Kıble ehlinden ölen kimsenin cenaze namazı kılınır ve onun için mağfiret dilenir. Büyük veya küçük günahlarından dolayı hiçbir kıble ehlinin cenaze namazı terk edilmez. Hesabı ise Allah'a kalmıştır.
İki: İmamı Ahmed'in İtikadı ile ilgili olarak aktaracağımız ikinci metin, İmam Ahmed'in Müsedded b. Müserhed'e göndermiş olduğu risaledir ki İbn Teymiyye bu risale hakkında şöyle dedi: "Bu risale hadis ve sünnet ehli arasında oldukça meşhurdur. Alimler bu risaleyi hüsnü kabulle değerlendirmişlerdir. Abdullah b. Batta İbane isimli kitabında zikretti ve Kadı Ebu Yala gibi birçok alim buna itimad ettiler.[181]
Risale şöyle başlıyor: Rahman ve Rahim olan Allah'ın adıyla başlarım.

---

[175] Ebu Davud (rakam 4682), Tirmizi ve sahihledi. (2612), Ahmed: (2/250).
[176] Buharo (Feth ile beraber. Rakam 33655), Ebu Davud (4627), Tirmizo: (3707).
[177] Bkz. Babu'l Alametu'l Mьnafı k, Sahihu'l Buharo: 1/14.
[178] Buharo (Feth ile, rakam 121), Mьslim (605).
[179] Buharo (21), Mьslim (2888).
[180] Buharo (48), Mьslim (116).
[181] Buharo (6103), Mьslim (111).

Her zaman diliminde, sapıtanları hidayete çağıran, kötülükleri nehyeden, Allah'ın kitabı ile ölüleri, Peygamberinin sünneti ile de cahalet ve riddet ehlini dirilten alimler var eden Allah'a hamd olsun. İblis'in katlettiği nice insanları onlar ditilttiler. Sapıtmışları yola getirdiler. Aşırıların ve bidatçilern dine yönelik tahriflerini onlar düzelttiler. Fitneyi onlar giderdiler. Fitne ehli Kitab'da ihtilaf ettiler ve Allah hakkında ileri geri konuştular ki Allah (cc) zalimlerin dediklerinden münezzeh ve yücedir. Her saptırıcı fitneden Allah'a sığınırız. Salat ve selam Peygamberiz Muhammed'in ve âlinin üzerine olsun! Bundan sonra:

Allah bizi ve sizi razı olduğu şeyler üzerine sabit kılsın ve gazab ettiği her şeyden sakındırsın. Ve yine bizi ve sizleri, Onu bilenlerin ve Ondan korkanların amelleri gibi amel işlemeye muvaffak kılsın! Size ve kendi nefsime yüce Allah'ın takvasını, sünnet ve cemaate sarılmayı tavsiye ederim. Buna muhalefet edenlerin başlarına neler geldiğini biliyorsunuz. Bize Peygamber *(sallallahu aleyhi ve sellem)*'in şöyle dediği ulaştı: *"Allah kulunu sarıldığı bir sünnet sebebiyle cennete girdirir."* Size hiçbir şeyi Allah'ın kelamı olan Kur'an'ın önüne geçirmemeyi emrediyorum. Allah'ın kelam buyurduğu şey mahluk değildir. Geçmiş zamanlarla ilgili verilen haberler mahluk değildir. Levhi mahfuzda bulunan şeyler mahluk değildir. Mahluktur diyen Allah'a küfretmiştir. Bunlara tekfir etmeyenler kafirdir. Kur'an'dan sonra Peygamber *(sallallahu aleyhi ve sellem)*'in sünneti ve ashabının ve onlardan sonra da tabiinin O'ndan rivayet ettikleri hadisler gelir. Peygamberlerin getirdiklerini tasdik etmekle sorumluyuz. Sünnete tabi olmak kurtuluştur. Sünnet tabaka tabaka ilim ehli tarafından bize nakledilmiştir. Cehm'in görüşlerinden sakınınız. O rey ve husumet sahibidir...

İman söz ve ameldir, artar ve eksilir. İyilik işlediğiniz zaman artar, kötülük ettiğiniz zaman da azalır. Kişi imandan islama çıkar ve tevbe ettiği zaman tekrar imana döner. Fakat İslam'dan yüce Allah'a şirke veya farzlarından birini inkara çıkmaz. Fakat ihmal ve tembellik yüzünden farzları terk edenlerin işleri Allah'a kalmıştır. Dilerse af, ve dilerse azab eder....

Hayrı ve şerri ile beraber kaza ve kadere iman ederiz. Tatlısı ve acısı Allah'tandır. Allah cenneti diğer halkı yaratmadan önce yarattı ve cennet ehlini yarattı. Cannetin nimetleri daimidir. Cennetin daimi olmadığını söyleyen kafirdir. Allah cehennemi ve cehennem ehlini yarattı. Cehennemin azabı da daimidir. Allah *(cc)* bir topluluğu Peygamber *(sallallahu aleyhi ve sellem)*'in şefaati ile cehennemden çıkaracaktır. Cennet halkı Rablerini gözleri ile göreceklerdir. Allah Musa ile konuştu. İbrahim'i kendisine halil (dost) edindi. Mizan haktır. Sırat haktır. Peygamberler haktır. Meryem'in oğlu İsa Allah'ın kulu ve elçisidir. Havz ve şefaate iman ederiz. Arş ve kürsiye iman ederiz. Ölüm meleğine ve onun önce insanların ruhlarını kabz ettiklerine sonra da iman, tevhid ve elçilerden sorgulanmak üzere ruhları cesetlere geri iade ettiklerine iman ederiz. Sura üfleneceğine iman ederiz. Sur, İsrail'in üflediği boynuza denilir. Medine'de bulunan ve yanında Ebu Bekr ile Ömer'in bulunduğu bilinen kabir Resulullah *(sallallahu aleyhi ve sellem)*'in kabridir. Kulların kalpleri Allah'ın parmaklarından iki parmağı arasındadır. Deccal bu ümmetin döneminde çıkacaktır. İsa b Meryem inerek onu Babu'l Lüdd'de[182] öldürecektir.

Ehli sünnet alimlerinin redettikleri şeyler, kötüdür. Tüm bidatlerden kaçının. Peygamber *(sallallahu aleyhi ve sellem)*'den sonra gözler Ebu Bekr'den daha hayırlısını görmedi. Gözler O'ndan sonra, Ömer ve O'ndan sonra da Osman'dan daha hayırlısını görmedi.

(Ahmed şöyle dedi: İbn Ömer'in tafdil hadisinden dolayı Ebu Bekr, Ömer ve Osman der, sonra süküt ederdik.) Ahmed şöyle dedi: Vallahi bunlar raşid ve mehdi halifelerdir.

Peygamber *(sallallahu aleyhi ve sellem)*'in cennetle müjdelediği on kişi şunlardır: Ebu Bekr, Ömer, Osman, Ali, Talha, Zübeyr, Sad, Said, Abdurrahman b. Avf, Ebu Ubeyde b. Cerrah. Namazda elleri kaldırmak ve imamın *'veladdalin'* demesinden sonra cehri olarak *'amin'* demek iyilik ve güzel davranıştandır. Müslümanların imamının salahı için dua edilir ve ona karşı silahlı eyleme geçilmez. Fitne döneminde savaşa iştirak edilmez. Peygamber *(sallallahu aleyhi ve sellem)*in cennetle müjdelediği on kişi dışında müslümanlardan hiç kimse için fülan cennettedir, fülan cehennemdedir denilemez.

Allah kendini nasıl vasfediyorsa siz de O'nu öylece vasfedin. Allah'ın kendinden nefyettiğini siz de O'ndan nefyedin. Heva ehli ile cidale girmekten ve Resulullah *(sallallahu aleyhi ve sellem)*'in ashabı hakkında sui zandan kaçının. Onların aralarında geçen kötü olayları değil, faziletlerini konuşun. Din konularda bidat ehline danışmayın ve onlarla yolculuğa çıkmayın.

Velisinin iznini almadan ve iki adil şahit olmadan nikah yapmayın. Muta nikahı kıyamete kadar haramdır. Müttaki ve facir imamın arkasında vakit, cuma ve bayram namazlarını kılınız. Ehli kıbleden vefat eden herkesin namazını kılınız. Onların hesapları ise Allah'a kalmıştır. Cihad veya hacca çıkan İmamla bereber çıkınız. Cenaze tekbiri dörttür. Eğer İmam Ali b. Ebi Talib gibi beşinci kez tekbir getirirse siz de onunla beraber tekbir getirin. Abdullah b. Mesud şöyle dedi: İmam tekbir getirdikçe siz de tekbir getirin. İmam Ahmed şöyle dedi: Şafii bu konuda bana muhalefet ederek şöyle dedi: İmam dörtten fazla tekbir getirirse namaz iade edilir. Şafii bu konuda Peygamber *(sallallahu aleyhi ve sellem)*'in cenaze namazında dört tekbir getirdiği hadisini delil getirdi. Misafir için mesh üç gün ve gecedir. Mukim için ise bir gün ve gecedir. Gece ve gündüz namazları ikişer ikişer kılınır. Bayram namazından önce nafile namaz kılınmaz. Mescide girdiğiniz zaman iki rekat tahiyyetu'l mescid namazı kılmadan oturmayın. Vitir tek rekat ve ikamet teklidir.

---

[182] Ahmed: 2/210, Darimo: 2864.

Ehli sünneti sev. Allah bizi ve sizi İslam ve sünnet üzerine öldürsün. Bizi ve sizi ilim ile rızıklandırsın, sevdiği ve razı olduğu ameller işlemeye muvaffak kılsın.[183]

Son Söz:

İşte bunlar 'Dört İmam'ın itikatlarından bazı cümlelerdir. Daha öncede belirttiğimiz gibi imamlar ve ümmetin selefinin itikad usulü aynıdır. Bu nedenle İmam Buharî onların mezheblerin anlatırken şöyle dedi:
Hicaz, Mekke, Medine, Küfe, Basra, Vasıt, Bağdad, Şam ve Mısır diyarlarında değişik zamanlarda ve birçok kere binden fazla alimle görüştüm. Kırk altı yıl boyunca onları idrak ettim. Şam, Mısır ve Cezire alimleriyle iki kere, Basra alimleriyle iki senede dört kere, Hicaz'da altı yıl boyunca, Küfe ve Bağdad'a ise aralarında şu Horasan muhaddislerinin de bulunduğu şahıslarla beraber sayısız kereler gittim ve buranın alimleriyle görüştüm.
Bunlar: Mekkî b. İbrahim, Yahya b. Yahya, Ali b. Hasen b. Şakik, Kuteybe b. Said ve Şihab b. Muammer.
Şam'da görüştüklerim: Muhammed b. Yusuf el-Feryabî, Ebu Müsehher Abdu'l E'la b. Müsehher, Ebu Muğire Abdilkuddüs b. Haccac, Ebu'l Yeman Hakem b. Nafi ve daha birçokları...
Mısır: Yahya b. Kesir, Ebu Salih-Leys b. Sad'ın katibi-, Said b. Ebi Meryem, Asbağ b. Ferc ve Naim b. Hammad.
Mekke: Abdullah b. Yezid el-Mukrî, Mekke Kadısı Süleyman b. Harb, Ahmed b. Muhammed el-Ezrakî.
Medine: İsmail b. Ebi Üveys, Mutrif b. Abdillah, Abdullah b. Nafi ez- Zübeyrî, Ahmed b. Ebi Bekr eba Musab ez-Züheri, İbrahim b. Hamza ez-Zübeyrî ve İbrahim b. el- Münzir el- Huzzamî.
Basra: Ebu Asım ed-Dahhak b. Muhallid eş-Şeybanî, Ebu'l Velid Hişam b. Abdilmelik, Haccac b. Minhal ve Ali b. Abdillah b. Cafer el-Medinî.
Küfe: Ebu Naim Fadl b. Dekin, Ubeydullah b. Musa, Ahmed b. Yunus, Kubeysa b. Ukbe, İbn Numeyr, İbn Ebi Şeybe'nin iki oğlu Abdullah ve Osman.
Bağdad: Ahmed b. Hanbel, Yahya b. Muin, Ebu Muammer, Ebu Haysüme, Ebu Ubeyd el-Kasım b. Selam.
Cezire'den: Amr b. Halid el-Harranî.
Vasıt'dan: Amr b. Avn, Asım b. Ali b. Asım.
Moro[184]'dan: Sadka b. Fadl, İshak b. İbrahim el-Hanzelî.
İhtisar amacıyla sadece bu isimlerle iktifa ediyorum. Tüm bu alimlerin şu hususlarda birleştiklerini gördüm:
*Din, söz ve ameldir. Cenabı Hakk şöyle buyurdu:
"Halbuki onlara ancak, dini yalnız O'na has kılarak ve hanifler olarak Allah'a kulluk etmeleri, namaz kılmaları ve zekât vermeleri emrolunmuştu. Sağlam din de budur." (Beyyine, 98/5)
*Kur'an Allah'ın kelamıdır ve mahluk değildir. Hakk Teala şöyle buyurdu:
"Şüphesiz ki Rabbiniz, gökleri ve yeri altı günde yaratan, sonra Arş'a istivâ eden, geceyi, durmadan kendisini kovalayan gündüze bürüyüp örten; güneşi, ayı ve yıldızları emrine boyun eğmiş durumda yaratan Allah'tır!" (Araf, 7/54)
Ebu Abdillah Muhammed b. İsmail şöyle dedi: İbn Uyeyne şöyle dedi: Allah *(cc)* şu buyruğuyla 'halk' ve 'emr'i birbirinden ayırdı:
"Bilesiniz ki, yaratmak da emretmek de O'na mahsustur. Alemlerin Rabbi Allah ne yücedir" (Araf, 7/54)
*Hayır ve şer kader iledir. Hakk Teala şöyle buyurdu:
"De ki:"Ben ağaran sabahın Rabbine sığınırım,
Yarattığı şeylerin şerrinden" (Felak: 113/1-2)
"Oysa ki sizi ve yapmakta olduklarınızı Allah yarattı, dedi." (Saffat, 37/96)
"Biz, her şeyi bir ölçüye göre yarattık." (Kamer, 54/49)
*Günahtan dolayı hiçbir kıble ehlini tekfir etmeazler. Çünkü Cenabı Hakk şöyle buyurdu:
"Allah, kendisine ortak koşulmasını asla bağışlamaz; bundan başkasını, (günahları) dilediği kimse için bağışlar" (Nisa, 4/48)
*Onlardan hiç kimsenin Muhammed *(sallallahu aleyhi ve sellem)*'in ashabını yerdiğini görmedim. Aişe şöyle dedi:
"Onlar için istiğfar etmek emrolundu."
Hakk Teala şöyle emretti:
"Bunların arkasından gelenler şöyle derler: Rabbimiz! Bizi ve bizden önce gelip geçmiş imanlı kardeşlerimizi bağışla; kalplerimizde, iman edenlere karşı hiçbir kin bırakma! Rabbimiz! Şüphesiz ki sen çok şefkatli, çok merhametlisin!" (Haşr, 59/10)
*Peygamber *(sallallahu aleyhi ve sellem)*'in sünnetine aykırı bidatlerle mücadele halinde idiler. Hakk Teala şöyle buyurdu:
"Hep birlikte Allah'ın ipine (İslâm'a) sımsıkı yapışın; parçalanmayın." (Âl-i İmran, 3/103)

---

[183] İbn Cevzo, Menakibu'l İmam Ahmed: sh.216. Minhecu'l Ahmed: sh 87. Cilau'l Ayneyn, 186. İbn Bedran, El-Medhal ila Mezhebi Ahmed, sh: 9.
[184] Moro, Horasan'da meşhur bir kenttir. (Bkz. Mucemu'l Bıldan, 5/12.)

"Eğer ona itaat ederseniz, doğru yolu bulmuş olursunuz." (Nur, 24/54)

*Peygamber *(sallallahu aleyhi ve sellem)*'in sünnetine uymaya teşvik ederlerdi. Şöyle buyurdu:
"Şüphesiz bu, benim dosdoğru yolumdur. Buna uyun. (Başka) yollara uymayın. Zira o yollar sizi Allah'ın yolundan ayırır. İşte sakınmanız için Allah size bunları emretti." (Enam, 6/153)

*Ehli olanlarla emr konusunda mücadeleye girilmez. Hakk Teala şöyle buyurdu:
"Ey iman edenler! Allah'a itaat edin. Peygamber'e ve sizden olan ulülemre (idarecilere) de itaat edin." (Nisa, 4/59)

Bir hadisi şerifte de Peygamber *(sallallahu aleyhi ve sellem)*:
"Allah için ihlasla amel işlemek, Müslüman idarecilere itaat etmek ve cemmate yapışmak emredilmiştir."[185]

*Ümmeti Muahmmed *(sallallahu aleyhi ve sellem)*'e kılıç çekilmez.

Fudeyl şöyle dedi: "Eğer kabul edilecek duam olsaydı bunu İmam için yapardım. Çünkü İmam salah bulursa ülke ve halk emniyet içinde olur."

İbn Mübarek şöyle dedi: Ey hayır muallimi senden başka buna kim cesaret edebilir.

İmam Buhari'nin Ehli Sünnet'in genelinin itikadını beyan etmesi gibi, Lalikaî'nin senedi ile Ebu Muhammed Abdirrahman b. Ebi Hatim'den rivayet ettiği gibi Ebu Züra ve Ebu Hatim'de ilim ve sünnet ehlinin itikatlarını beyan etmişlerdir:

"Babama ve Ebu Züra Ehli Sünnetin Usulu'd Din hususundaki mezheblerini, imamların ve kendilerinin bu konudaki görüşlerini sordum. Bana şöyle cevap verdiler: Hicaz, Irak, Şam ve Yemen gibi Tüm İslam diyarlarının alimlerini idrak ettik. Onların mezhebleri şöyledir:

*İman söz ve ameldir. Artar ve eksilir.

*Allah'ın kelamı olan Kur'an hiçbir yönüyle mahluk değildir.

*Kader hayrı ve şerri ile Allah'tandır.

*Peygamber (sav)'den sonra ümmetin en hayırlısı Ebu Bekr es-Sıddık, sonra Ömer b. Hattab, sonra Osman b. Affan ve sonra Ali b. Ebi Talib'dir. (Hepsine selam olsun!)

Bu dördü Raşid ve Mehdî halifelerdir.

Peyganber *(sallallahu aleyhi ve sellem)* bilinen on sahabeyi cennetle müjdelemiştir. Bu haktır. Peygamber *(sallallahu aleyhi ve sellem)*'in tüm ashabına sevgi ve saygı göstermek, aralarında geçenler için onları kınamaktan sükut etmekle sorumluyuz.

*Allah *(cc)* kendisini kitabında ve Elçisinin diliyle tanıttığı gibi Arşının üzerindedir. Fakat nasıl diye sorulamaz. O her şeyi ilmi ile ihata etmiştir. *"O'nun benzeri hiçbir şey yoktur. O işitendir, görendir."* (Şura, 42/11)

*Allah Tebareke ve Teala ahirette görülecektir: Allah'ın dilediği şekilde Cennet ehli O'nu görecek ve kelamını işiteceklerdir. Cennet ve cehennem haktır. Her ikisi de mahlukturlar ve ebedi olarak yok olmayacaklardır. Allah'ın bağışladıkları hariç, cennet dostlarının sevap yeri, cehennem de günaha dalanların azab yeridir.

*Sırat haktır.

*Mizan haktır. İki kefesi olan bu mizanda (terazide) kulların amelleri tartılır.

*Peygamber *(sallallahu aleyhi ve sellem)*'in havuzu haktır.

*Şefaat haktır.

*Öldükten sonra dirilmek haktır.

*Büyük günah sahiplerinin işi Allah'ın dilemesine almıştır.

*Kıble ehlini günahları nedeniyle tekfir etmeyiz. Gizliliklerini ise Allah'a havale ederiz.

*Her zaman ve dönemde cihad ve hac farzlarını İmam ile beraber eda ederiz.

*İmamlara karşı silahlı başkaldırıyı ve fitne döneminde savaşmayı caiz görmeyiz. Allah'ın başımıza geçirdiği yöneticiye itaat ederiz. Sünnet ve cemaate uyar; ihtilaf ve ayrılıklardan sakınırız.

*Cihad, Allah'ın Peygamber *(sallallahu aleyhi ve sellem)*'i gönderdiği günden kıyamet gününe kadar geçerlidir. Başımızda bulunan İmamla beraber cihad ederiz. Hiçbir şey cihadı iptal edemez.

*Hacc da böyledir. Zekat müslümanların İmamına veririz.

*Ahkam ve miras hukukunda insanların zahiri dikkate alınır ve mümin muamelesine tabi tutulurlar. Allah katındaki durumlarını ise yine Allah'a havale ederiz.

*Kim kendisine hakiki mümin derse o bidatçidir. Kim de kendisinin Allah katında mümin olduğunu söylerse o yalancıdır. Fakat kim Allah'a hakikaten inandığını söylerse o isabet etmiştir.

*Mürcie, bidatçi ve sapık bir fırkadır.

*Kaderiye, bidatçi ve sapık bir fırkadır.

Bunlardan kim Allah'ın bir şeyi olmadan önce bilmeyeceğini söylerse o kafirdir.

Cehmiyye kafirdir.

*Rafiziler İslam'ı reddettiler.

*Hariciler dinden çıkmışlardır.

*Kim Kuran'ın mahluk olduğunu söylerse o dinden çıkıp kafir olmuştur. Anladığı halde onların küfründen şüphe eden de kafirdir.

---

[185] Bu hadis bir grup sahabeden rivayet edilmiştir. Sünen't Tirmizo: 2658, el-Müsned: 4/80.

*Kim Allah'ın kelamından şüphe eder ve 'mahluk olup olmadığını bilmiyorum' derse o kimse Cehmî'dir. Bu konuda bilgisiz olanlar ise tekfir edilmez, öğretilirler.

*Kim Kur'an lafzı ile mahluktur derse o da Cehmîdir.

Ebu Muhammed şöyle dedi: Babamın şöyle dediğini işittim:

"Bidatçilerin alametleri şöyledir: Zındıkların alameti, ehli sünneti Haşaviye olarak isimlendirmesidir. Bununla sünnet ve eserleri iptal etmeyi amaçlıyorlar.

Cehmiyye'nin alameti: Ehli sünneti Müşebbihe olarak isimlendirmesidir.[186]

Kaderiye'nin alameti: Ehli eseri Mücebbire olarak isimlendirmesidir.[187]

Mürcie'nin alameti: Ehli sünneti Muhalife ve Noksaniye olarak isimlendirmesidir.[188]

Rafize'nin alameti: Ehli Sünneti Nasibe olarak isimlendirmesidir.[189]

Oysa Ehli Sünnet tüm bu isimlerden uzaktır ve tek bir isim üzere toplanmışlardır.

Ebu Muhammed şöyle dedi:

Babam ve Ebu Züra'nın, bidat ve dalalet ehlini terk etmeyi emrettiklerini, bu konuda şiddetli davrandıklarını ve sahabe sözlerine başvurmadan, sadece reye dayanarak kitap yazılmasını yasakladıklarını gördüm.

Ayrıca kelam ehli ile oturmaktan ve kelamcıların kitaplarını okumaktan men ederlerdi. Her ikisi de 'Kelam sahibi kesinlikle kurtulamaz' derlerdi.

Ebu Muhammed şöyle dedi: Ben de bu sözlere aynen iştirak ediyorum.

Ebu Ali b. Hubeyş el-Mukrî şöyle dedi: Ben de bu sözlere aynen iştirak ediyorum.

Şeyhimiz (İbn Muzaffer) şöyle dedi: Ben de aynen iştirak ediyorum.

Tarisiti şöyle dedi: Ben de aynen iştirak ediyorum.

Şeyhimiz es-Selefi şöyle dedi: Ben de aynen iştirak ediyorum.

Ebu Hatim Muhammed b. İdris b. Münzir el-Hanzalî er-Razi'nin bazı kitaplarında şöyle yazdığını gördüm: Mezhebimiz ve ihtiyarımız Resulullah *(sallallahu aleyhi ve sellem)* 'e, Sahabesine, tabiine ve onlardan sonra ihsan üzere onlara tabi olan alimlere uymak ve bidatlerden kaçınmaktır. Ebu Abdillah Ahmed b. Hanbel, İshak b. İbrahim, Ebu Ubeyd el-Kasım b. Selam ve Şafii gibi eser alimlerinin mezheblerine uyarız. Kitab ve Sünnete sarılır ve değişik ülkelerdeki şu imamlara tabi oluruz: Medine'de Makik b. Enes, Şam'da Evzaî, Mısır'da Leys b. Sad, Irak'da Süfyan es-Sevrî ve Hammad b. Ziyad. Hadis olmayan konularda Sahabe ve Tabiinin görüşlerine başvururuz.

Bidatçilerin, tezvircilerin ve yalancıların görüşlerine itibar etmeyiz.

Kerabis'in[190] kitaplarını okumaktan ve onun arkadaşlarıyla tartışmaktan sakınırız.

Kur'an Allah'ın kelamıdır. Allah'ın ilmi, isimleri, sıfatları, emir ve yasakları hiçbir bakımdan mahluk değildir.

Kim böyle olduğunu iddia ederse, o kimse dinden çıkmış ve kafir olmuştur. Bilip anladığı halde onun küfründen şüphe duyan da kafirdir.

Vakfiyye ve Lafziyye fırkaları Cehmiyyedendir. Ebu Abdillah Ahmed b. Hanbel böyle dedi.

Peygamber *(sallallahu aleyhi ve sellem)*'den ve ondan sonra Sahabe ve ihsan üzere onlara tabi olanTabiinden gelen eserlere (sözlere) tabi oluruz.

Kelamcıları ve meclislerini, eserlere itibar etmeyip kendi görüşleriyle kitap yazanları terkederiz.

Tercihimiz şudur: İman, söz ve ameldir. Dil ile ikrar, kalp ile tasdik ve organlar ile ameldir. Namaz, malı olanlara zekat, güç yetirenlere hac, ramazan orucu ve Allah'ın kullarına yüklediği diğer tüm farzlar buna dahildir. Bunları yerine getirmek imandandır.

İman artar ve eksilir.

Kabir azabına iman ederiz.

Peygamber *(sallallahu aleyhi ve sellem)*'e ikram edilecek havuz haktır.

Kabir sorgusuna iman ederiz.

Peygamber *(sallallahu aleyhi ve sellem)*'e mahsus şefaate iman ederiz.

---

[186] Çünkü ehli sünnet Allah'ı Onun kendisini vasfettiği şeylerle vasfederler.

[187] Ehli sünnet her şeyin Allah'ın kaderi ile olduğunu inandıklarından, kaderiyye bunun kulları cebr anlamına geldiğini iddia etmiştir. Oysa Ehli sünnet inkarcı Kaderiye ile aşırı Cebriyye arasında orta bir yol üzeredir.

[188] Ehli Sünnet'in imanın artıp eksilebildiğini söylemesi nedeniyle bu ismi yakıştırmışlardır. Mürcie ise imanın parçalanamayacağını iddia etmiştir. Ehli sünnet bu konuda da Mürcie ile Harici ve Mutezili Vaidiler arasında orta bir yol tutmuştur.

[189] Ebu Bekr ve Ömer'i öne geçirmeleri nedeniyle şiiler Ehli Sünnet'in Ali ve Ehli Beyt düşmanı olduklarını iddia etmişlerdir ki ehli sünnet bundan beridir. Gerçekte ise Ehli sünnet sadece naslara uymaktadır ve Ehli Beyt sevgisi Ehli Sünnet ve'l Cemaat itikadından bir cüzdür. Ehli Sünnet bu konuda da Rafiziler ile Hariciler arasında orta bir yol üzerederler.

[190] İmam Ahmed öğrencilerinin bu adamla konuşmalarını yasaklamıştır. (Tarihu Bağdad: 8/64-67).

Peygamber *(sallallahu aleyhi ve sellem)*'in tüm sahabelerine saygı duyarız ve şu İlahi buyruktan dolayı onların hiçbirine sövmeyiz:

"Bunların arkasından gelenler şöyle derler: Rabbimiz! Bizi ve bizden önce gelip geçmiş imanlı kardeşlerimizi bağışla; kalplerimizde, iman edenlere karşı hiçbir kin bırakma! Rabbimiz! Şüphesiz ki sen çok şefkatli, çok merhametlisin!" (Haşr, 59/10)

Allah'ın arşında kullarının fefkınde olduğuna inanırız.

"O'nun benzeri hiçbir şey yoktur. O işitendir, görendir." (Şura, 42/11)

İmamlara karşı silahlı başkaldırıyı tasvip etmeyiz. Fitne döneminde savaşmayız, Başımızda bulunan yöneticiye itaat ederiz.

Namaz, hacc, cihad'ı imamla beraber eda ederiz ve hayvanların zekatlarını İmam'a veririz

Hadislerde de geçtiği gibi muvahhid bir topluluğun şefaat ile cehennemden çıkıp cennete gireceklerine inanırız.

Biz Allah'a inanıyoruz deriz. Süfyan es-Sevrî ve Evzaî kişinin 'ben hakiki müminin ve imanımı tamamlamışım' demesini hoş görmediler.

Bidat ehlini alameti: Ehli esere sataşmasıdır.

Cehmiyye'nin alameti: Ehli sünneti Müşebbihe ve Nabite olarak isimlendirmesidir.

Kaderiye'nin alameti: Ehli sünneti Mücebbire olarak isimlendirmesidir.

Zındıkların alameti: Ehli sünneti Haşeviye olarak isimlendirmesidir. Böylece Peygamber *(sallallahu aleyhi ve sellem)*'den gelen eserleri iptal etmek istiyorlar.

Allah bizi ve tüm müminleri razı olduğu söz ve amelleri işlemeye muvaffak kılsın. Salat ve selam Peygamberimizin üzerine olsun.[191]

Bundan sonra: İmamlar ve ümmetin selefinin aynı itikat üzerinde toplanmış olmaları şaşılacak bir şey değildir. Çünkü onlar ilimlerini, hiç değişmemiş olan, kendisine batılın asla yaklaşamadığı aynı kaynaktan ve hevadan değil, kendisine gelen vahiyden konuşan aynı vahiy sahibinden almışlardır.

Allah katında olan şeyde ne ihtilaf ne de değiştirme söz konusu değildir.

"Hâla Kur'an üzerinde gereği gibi düşünmeyecekler mi? Eğer o, Allah'tan başkası tarafından gelmiş olsaydı onda birçok tutarsızlık bulurlardı." (Nisa, 4/82)

Peygamber *(sallallahu aleyhi ve sellem)*'in itikad konusunda getirdikleri, kendisinden önce gelen diğer peygamber kardeşlerinin getirdiklerinin bir devamıdır.

" *"Dini ayakta tutun ve onda ayrılığa düşmeyin" diye Nuh'a tavsiye ettiğini, sana vahyettiğimizi, İbrahim'e, Musa'ya ve İsa'ya tavsiye ettiğimizi Allah size de din kıldı."* (Şura, 42/13)

Peygamber *(sallallahu aleyhi ve sellem)*'in de buyurduğu gibi Peygamberler kardeştirler:

"Peygamberler kardeştirler..."[192]

Resulullah *(sallallahu aleyhi ve sellem)*'in buyurduğu gibi dinleri aynıdır.

"Biz Peygamberler topluluğu olarak dinimiz birdir"[193]

Bir önceki Peygamber bir sonrakini müjdeler, sonraki de öncekini destekler. İslam ümmeti tek bir ümmettir.

"Hakikaten bu (bütün peygamberler ve onlara iman edenler) bir tek ümmet olarak sizin ümmetinizdir. Ben de sizin Rabbinizim. Öyle ise bana kulluk edin." (Enbiya, 21/92)

Salat ve selam kıyamet gününe kadar Peygamberimiz Muhammed'e, aileine ve ashabına olsun...

---

[191] Bu metin aynen İmam Lalkao'nin Şerhu Usuli İtikadi Ehli's Sьnne İsimli eserinden alınmıştır.

[192] Buharo: 4/142 ve başkakarı.

[193] Tahrici daha ıınce geзti.

www.ingramcontent.com/pod-product-compliance
Lightning Source LLC
Chambersburg PA
CBHW061320140726
47998CB00006B/2485